클래식과 함께하는 사회 탐구

일러두기

· 클래식의 작품 번호는 '작곡가-전체 작품 번호(No)-조-작곡가의 전체 작품 번호(Op)'순으로
표기합니다.

· 작품 수가 많거나 생전에 작품 정리가 덜 된 경우, 사후에 미발표 작품이 지속적으로 발견되는
작곡가들은 기존의 작품 번호(Op) 대신 별도의 작품 번호를 사용하는데, 보통 목록을 작성한
사람의 이름을 따서 작품 번호를 붙입니다.(하이든의 Hb는 호보켄 번호, 비발디는 Rv는 뤼옴
번호, 모차르트의 K는 쾨헬 번호, 슈베르트의 D는 도이치 번호를 뜻합니다.) 단, 바흐와 헨델은
'바흐 작품 번호(BWV)'와 '헨델 작품 번호(HWV)'라는 별도의 번호를 사용합니다.

· 각 장의 초입과 부록에 소개된 클래식 13곡은 QR코드를 통해 동영상으로 감상할 수 있습니다.
플랫폼 특성상 재생 오류가 생길 수 있으며, 이 경우 검색을 통해 대체 영상을 찾아보시기를
권합니다.

클래식과 함께하는
사회 탐구

권재원 지음

다른

작가의 말

취미와 생업이 하나가 되는 '덕업일치'야말로 행복하고 성공한 인생이라는 말이 있다. 그러고 보면 반백 년을 살고 되돌아본 내 인생은 참으로 성공적이다. 내 평생 '덕후'라 할 만큼 푹 빠졌던 것이 정치, 경제, 역사 등을 아우르는 사회 과학이고, 클래식이니 말이다.

나는 초등학교 때부터 클래식을 들어 왔다. 록에 한참 빠졌던 시기를 제외하면 지난 40여 년, 거의 클래식만 들으며 살아왔다. 클래식을 어찌나 좋아했는지, 사람들을 만나 이야기를 나누다가도 음악소리가 들리면 대화에서 벗어나 음악에 빠져 있어 핀잔 듣는 경우도 많았다. 한때는 지휘자가 되는 꿈을 꾸기도 했다.

그런 내가 지금까지 30년이 넘게 사회를 가르치는 교육자로 살았다. 그사이 민주주의에 대한 책도 쓰고, 경제에 관한 책도 썼다. 정치, 경제, 역사 관련 책들을 외우다시피 탐독했던 소년이 덕업일치를 이

룬 셈인데, 클래식에 있어서는 아직 원한 만큼의 뜻을 이루지 못했다. 클래식에 대한 나의 지식이 짧고, 기능도 부족한 탓이다. 그러나 덕업일치를 이루고 있는 일과 클래식의 만남은 주선해 볼 수 있을 것 같다. 사회라는 영역을 주인으로 하고, 클래식을 손님으로 살짝 초대해 보는 방식으로 말이다. 그 만남의 결과가 바로 이 책이다.

사회의 초대로 클래식과 만남이 이루어진 이 책은 청소년을 위한 클래식 입문서가 아니다.(이미 명망 높은 분들이 여러 권의 훌륭한 책을 내놓았다.) 클래식 명곡을 소개한다거나 작곡가들의 이런저런 일화를 들려주고, 명연주자나 명반을 소개하는 책도 아니다. 클래식의 역사에 대한 책도 아니며 음악 이론에 대한 책도 아니다. 나는 그런 것들을 다룰 만큼 클래식에 정통하지 않다. 이 책은 그저 클래식을 즐겨 듣는 사회 교사가, 청소년들이 클래식이라는 창을 통해 세상을 새롭게 볼 수 있기를 바라며 쓴 사회 과학 책이다. 청소년들이 이 책을 읽고 사회의 여러 영역이 음악을 비롯한 예술과 밀접한 연관을 맺고 있음을 깨닫고, 음악과 사회를 바라보는 시야가 넓어지기를 바란다. 그렇다고 이 책이 클래식과 사회, 역사의 관계를 체계적이고 학문적으로 접근하는 '음악 사회학'의 교과서는 아니다. 클래식이 연관된 사회학의 일부를 보여 주고, 그것을 앎으로써 세상에 눈을 뜬 청소년들이 스스로 탐구하기를 기대할 뿐이다.

음악과 사회학의 관계를 맛보게 한다면서 왜 하필 클래식이냐고 되물을 수 있다. 음악을 통한 세상 읽기가 목적이라면 클래식보다 대중음악이 훨씬 더 분명하고 효과적이다. 이를테면 로큰롤이나 사이키델릭 록이 미국과 서유럽을 뒤흔들었던 '68혁명'에 대해 살펴보고, 재즈와 블루스의 탄생과 미국에서 아프리카계 주민들의 아픔을 함께하는 식으로 말이다. 그러나 나는 클래식이 갖는 본연의 의미를 되찾고 누구라도 쉽게 접근할 수 있는 음악이라는 것을 논하고 싶었다. '클래식'과 '유행가'를 대비시키는 용법에서도 알 수 있듯, 클래식은 사회적인 시대 영향에서 벗어난 불변의 가치를 지닌 음악처럼 여겨진다. 심지어 '순음악' 혹은 '순수 음악'이라 불리며, 세상의 번잡한 문제로부터 독립된 순수하고 고결한 영역으로 평가된다. 나는 클래식에 씌워진 이런 가상假像을 벗겨 내려고 한다.

이런 가상이 뭐가 나쁘냐고? 그것으로 말미암아 클래식을 듣는 계층과 대중음악을 듣는 계층이 자연스레 분리될 수 있어서다. 또한 세상의 변화에도 불구하고 고고한 위치를 지키는 가치 있는 계층과 세파에 이리저리 흔들리는 속된 계층이 있는 것으로 나뉘는 기준이 되기 때문이다. 듣기 싫다는 아이를 억지로 클래식 음악회에 밀어 넣는 부모, 클래식 음악회 티켓이 상대방을 우러르는 품격 있는 선물로 사용되는 실태는 이러한 현실을 반영한다.

몇 해 전에 '클래식을 좋아하신다면, 당신은 인생의 중심에 서 있는 것입니다.'라는 광고 카피가 있었다. '클래식'에 '인생의 중심', 즉 성공과 높은 지위가 연상되게 한 광고인데, 이른바 '양반'의 문화 자본으로 자리 잡은 클래식의 사회적 위치를 보여 준다. 과연 이것이 향후 클래식 발전을 위해 좋은 일일까?

지금 널리 연주되는 클래식 작품들은 세상과 동떨어진 가상의 세계에서 만들어진 게 아니다. 그 시대를 치열하게 고민한 결과물이고, 지속적으로 바뀌는 세상과 상호작용하면서 의미를 새롭게 하며 전해진 예술이다. 한데 이것을 신성하고 고상한 사람들만의 음악으로 그 폭을 좁히는 것은 작품에 대한 모욕이다. 인류의 귀중한 문화유산은 신분과 계층을 막론하고 많은 사람이 즐길 때에야 비로소 존중되는 것이니 말이다. 그러니 클래식에 덮어씌운 초월적이고 근엄한 이미지는 당장 걷어 내야 한다.

이 책을 읽어도 클래식에 대해 잘 알게 되지는 않을 것이다. 나는 그런 책을 쓸 능력도 없다. 다만 클래식이라고 불리는 음악도 사람의 음악이며 세상의 음악이라는 점을 마음에 새기고 능동적으로 감상할 수 있도록 도와줄 수 있다. 그것만으로 이 작은 책의 소임은 충분한 것이리라.

2018년 권재원

아빠

저명한 사회학자이자 베스트셀러 작가. 세상일에 달관한 듯한 말투로 이야기하지만, 누구보다 세상일을 걱정하고 있다. 스트레스 해소법은 클래식 감상. 일찍이 세상을 떠난 천재 작곡가이자 피아니스트인 친구의 영향이 큰 듯하다.

예니

어릴 적 '첼로 신동'이라 불리며 전 세계적으로 주목을 받았다. 예쁘장한 얼굴과 달리 힘 있고 카리스마 넘치는 연주로 유명한, 클래식계의 아이돌 스타다. 음악가로서 예민함과 엉뚱함을 지니고 있다. 음악 외에도 인문학을 비롯한 사회 전반에 관심이 많다.

원이

예니의 남자친구. 교육대학교에 재학 중이며, 나이에 비해 고지식한 편이라 예니와 의견 충돌이 일 때도 있다. 예니의 아빠가 인생의 롤모델이다. 그러나 지금은 여자친구의 아빠라서 가장 어려운 존재이기도 하다.

목차

01

클래식이란
뭘까?

**요한 제바스티안 바흐,
무반주 첼로 모음곡 1번
G장조 BWV. 1007**

반주 악기가 없는 첼로 독주곡으로 하나의 전주곡과 다섯 개의 춤곡으로 구성됐다. 이 모음곡은 다양한 기술적 요소는 물론이고, 풍부한 감정 표현과 호소력 짙은 음색을 전달한다. 뿐만 아니라 청중을 향한 '친근함'을 표현하여 오늘날 바흐의 대표곡으로 손꼽힌다. 연습곡으로 만든 첫 번째 곡은 첼로 연주자들에게 경전과도 같다.

"왜? 이유가 뭔데! 난 오빠랑 음악회에 꼭 같이 가고 싶단 말이야."

예니의 얼굴색이 어두워졌다. 그 모습을 난처한 듯 바라보던 원이가 손바닥으로 턱을 매만지다가 조심스레 입을 뗐다.

"난 클래식을 잘 모르는 데다 좋아하지도 않고, 솔직히 문화 허세 같아. 베블런◆이 말한 유한계급의 과시용 말이야."

그 말에 예니가 눈을 똑바로 뜨고 원이를 노려봤다.

"허세라니? 세상에, 무슨 그런 말도 안 되는 소리를! 솔직히 뮤지컬이나 아이돌 그룹 콘서트에 비하면 티켓이 비싼 편도 아니잖아!"

"그렇지만 어제 본 드라마에서……."

"드라마?"

◆ 미국의 사회학자이자 사회평론가. 산업의 정신과 기업의 정신을 구별했으며 상층 계급의 과시적 소비를 지적했다.

"「가십 걸」이라고, 미국 드라마 있잖아?"

"부잣집 애들이 다니는 학교가 나오는 그거?"

"그래, 그거! 거기에 별로 넉넉하지 못한 집안의 딸이 나오거든. 근데 하필이면 학부모 행사가 오페라 관람이지 뭐야. 그 애 아빠는 고민에 빠졌어. 오페라에 입고 갈 제대로 된 양복도 없었으니까."

"그래서 그 아빠가 '오, 난 허세 떠는 거 싫어!'라면서 거절했어?"

"아니. 오페라 극장 일정표를 찾아보고 모차르트의 「마술피리」를 보게 될 거란 걸 알아냈어. 그길로 책이며 인터넷까지 샅샅이 뒤져서 「마술피리」 줄거리랑 주요 아리아를 찾더라. 그뿐인 줄 알아? 「마술피리」에 관련된 인문학 서적까지 찾아 공부했어. 다른 학부모한테 교양 없다는 소리를 듣고 자기 딸이 무시당할까 봐. 하기야 넌 그런 걱정은 없겠다. 아버지가 사회학 박사에다 유명한 작가니까."

"됐고, 드라마 얘기나 계속해 봐."

"어쨌든 그 아빠는 오페라 극장 로비에서 다른 학부모들과 작품 이야기를 나누었지. 밤새 공부한 걸 신나게 떠들었어. 다른 학부모들도 고개를 끄덕이며 이야기를 들었고. 근데 공연의 막이 오르자마자 그 애 아빠는 소스라치게 놀랐어. 그날 공연은 모차르트의 「마술피리」가 아니라 바그너의 「트리스탄과 이졸데」였거든."

"그럼 로비에서 완전 헛소리했단 뜻이네?"

"재밌는 건 점잔을 빼고 온 다른 학부모들도 「마술피리」가 뭔지, 「트리스탄과 이졸데」가 뭔지도 모르면서 그냥 고개를 끄덕였단 거야.

모르는 티를 내고 싶지 않았으니까. 공연 중에도 마찬가지였어. 다리를 꾹꾹 찌르면서 졸음이 쏟아지는 걸 참더니 공연이 끝나자마자 큰 감동이라도 받은 것처럼 요란하게 박수를 쳐 대더라. '브라보, 브라보!' 하면서 말이야. 그러니까 클래식이란 건……."

예니가 손을 들어 원이의 입을 틀어막았다.

"오빠가 이담에 무슨 얘기를 할지 맞혀 볼게. 클래식은 상류층이라 불리는 부르주아들이 고상한 척하려고 소비하는 거지만, 실제로 그걸 이해하는 사람은 거의 없단 거지? 죄다 허위와 가식이라고?"

"뭐, 대충 그런 뜻이야."

"그럼 오빤 내가 허례허식에 사로잡힌 사람이라고 생각하는 거야? 첼로 전공자랍시고 클래식 공연에 같이 가자고 조르잖아. 허위와 가식이 뒤엉킨 장소에 같이 가서 영혼 없는 박수나 치자고 하고! 정말 그렇게 생각해?"

"맞아, 그거야."

원이는 저도 모르게 자신의 솔직한 심정을 내뱉었다. 그러고는 화가 머리 끝까지 난 예니를 보고는 말을 더듬거리며 어색한 상황에서 벗어나려고 했다.

"아, 너, 너는 저, 전공자고……. 그, 그러니까 첼로를 연주하고……."

"아, 그럼 난 허세를 제공하는 사람이네?"

예니가 눈을 부릅떴다. 원래도 커다란 눈이 더 커져서 당장에라도 튀어나올 것만 같았다.

"오해야, 난 절대 그런 생각으로 말한 거 아냐."

원이가 사태의 심각성을 깨닫고 손이 발이 되도록 비는 시늉을 했다. 그러자 예니가 조금 누그러진 표정으로 원이를 바라봤다. 이때다 싶었는지 원이가 자신의 속마음을 털어놨다.

"솔직히 나 같은 일반인에게 클래식은 지루하고 어려워. 그렇게 중요한 의미가 있나 하는 의문이 생기는 것도 사실이고. 나한테는 그냥 여러 음악 장르 중 하나일 뿐인데, 다른 음악하고 달리 고귀한 의미를 붙여야 하는 건가 싶거든."

"그래? 그런데 오빠, 개인적으로 그렇게 생각하는 건 좋아. 하지만 선생님이 된 뒤에 음악 수업은 어떻게 하려고 그래!"

"그거야 뭐, 음악 전담 쌤이 있지 않을까? 나는 체육이나 사회 같은 과목을 맡고. 하하하."

"뭐라고? 순 엉터리!"

예니는 이쯤에서 음악회 건을 덮기로 했다. 음악을 대하는 생각은 달라도 원이는 듬직하고 착한 남친이니까. 원이도 마찬가지였다. 이제 그만 투덜대기로 했다. 예니의 소원이니 한 번쯤은 같이 가 보는 것도 좋겠다고 생각했다.

원이와 헤어지고 집으로 돌아오는 내내 예니의 머릿속은 복잡했다. 여섯 살이 되던 해에 어린이용 첼로를 선물받아 재미로 튕겨 본 것을 계기로 첼리스트의 길을 걸어왔다. 여덟 살 때에는 '첼로 신동'

이라는 소리를 들었고, 우연찮은 기회에 해외 데뷔도 했다. 지금은 돌아가신 아빠 친구의 딸들이자 바이올린과 피아노로 전 세계 콩쿠르를 휩쓴 쌍둥이와 트리오를 이뤄 해외 공연을 다니며 음악가로 승승장구하고 있는 예니에게 클래식은 공기나 물 같은 존재였다. 클래식 말고 다른 장르를 연주하는 것은 단 한 번도 생각한 적이 없었다. 그 가치를 의심한 적도, 다른 세계를 생각해 본 적도 없었다.

　예니가 원이를 음악회에 초대한 것은 아주 특별한 의미였다. 정식으로 사귀는 사이가 되었으니 자신의 세계로 원이를 초대한 것이다. 그런데 원이가 클래식을 대놓고 거부했다.

　성당에서 만난 원이는 두 살 위의 오빠로 교육대학교에 다니고 있다. 원이는 누구에게나 친절했고, 조금 고지식해 보일 정도로 바른 생활을 했다. 하지만 그 무엇보다 예니가 원이에게 반한 건 예리한 지성과 넓은 눈으로 세상을 바라보는 통찰력이다. 박학다식한 아빠를 보고 자라서인지 예니는 멋진 외모보다 지적인 남자에 더 끌리는 편이다. 물론 원이의 인물이 나쁘다는 건 아니지만.

　'원이 오빠마저 클래식이 어렵다고 말할 줄이야.'

　예니는 생각할수록 화나고, 원이에 대한 실망감도 감출 수 없었다.

　'그럼 보통 사람들에게 클래식은 대체 어떤 세계란 거지?'

　예니의 고민은 점점 더 깊어졌다.

　'흔히 말하는 '클래식 덕후'나 듣는 음악일까? 아니면 원이 오빠 말마따나 있어 보이려고, 이해하는 척하고 듣는 허세일까? 사람들이

듣지 않는 음악을 하는 게 무슨 의미가 있을까? 난 대체 무엇을 위해 매일 고된 연습을 하는 걸까?'

예니는 난생처음으로 자신이 선택한 인생에 회의가 들었다. '혹시 내가 원해서라기보다 첼로를 켜는 날 아빠가 자랑스러워하니까, 그래서 첼리스트의 길을 걷는 건 아닐까?' 하는 생각마저 들었다.

복잡한 마음을 안고 예니가 현관으로 들어왔다. 집 안에는 요한 제바스티안 바흐의 무반주 첼로 모음곡이 울려 퍼지고 있었다. 아빠가 '노동요'로 듣기에 가장 좋다고 한 곡이다. 그러고 보니 서재에서 스탠드 불빛이 새어 나왔다. 다시 책 작업에 들어갔는지, 아빠는 밤마다 서재에 틀어박혀 있다.

아빠의 서재 겸 작업실은 긴 책상이 벽을 향해 붙어 있고, 다른 한쪽 벽에는 책으로 가득 찬 책장이 들어서 있다. 책상 반대편으로는 헤드폰이 걸린 전자피아노가 놓여 있는데, 그것만으로도 방이 꽉 찼다. 영화에 나오는 작가의 으리으리한 서재와는 영 딴판이다. 아빠는 글이 잘 안 풀릴 때면 헤드폰을 끼고 전자피아노를 두드렸다. 하고많은 좋은 곡을 놔두고 「체르니 30번」 연습곡을 치는 게 좀 이상하지만.

"예니 왔구나. 데이트는 즐거웠니?"

인터넷과 클라우드가 범람하고, '4차 산업 혁명'이란 말이 유행하는 오늘도 아빠는 원고지에 만년필로 글을 쓴다. 만년필도 취향이 확고했는데, 꼭 파버카스텔에서 나오는 만년필과 워터맨에서 나오는 걸 번갈아 쓴다. 보아하니 오늘은 워터맨 데이다. 책상 위에 내려놓은 뚱뚱한 검은색 워터맨이 시소처럼 잠시 흔들거렸다.

"우리 딸, 데이트가 재미없었나 보네."

역시, 아빠는 사람 마음을 알아채는 데 일가견이 있다.

'하기야 작가니까, 사람을 늘 관찰해야겠지.'

예니는 감정을 감추는 타입이 아니다. 어쩌다 속마음을 속이려 했을 때도, 아주 사소한 징조로 아빠에게 금세 들키곤 했다.

"아빠는 클래식을 어떻게 생각하세요?"

평소대로 예니는 본론으로 쑥 치고 들어갔다. 주저 없이 돌진하는 예니의 화법에 익숙한 아빠도 이번 질문에는 크게 당황한 모양이다. 언제나 질문에 즉답하는 아빠가 한참이나 뜸을 들였다.

"그러게, 참 어려운 질문이네. 클래식이 뭘까? 그런데 좀 이상하지 않니?"

예니의 질문에 아빠가 되물었다. 예니는 대답 대신 아빠의 생각이 몹시 궁금하다는 표정을 지었다. 그 모습에 아빠가 말을 이었다.

"클래식이 뭐냐고 묻는 거라면 이렇다 할 대답을 할 수가 없어. 그런데 신기한 건 사람들에게 클래식을 들려주면 기가 막히게 구별해 내거든? 몇 마디만 들려줘도 '아, 이건 클래식이네.' 하고 구별해. 분명 어떤 기준은 있는 것 같은데, 솔직히 나도 그게 뭔지는 모르겠단 말야."

"그러고 보니까 마릴린 먼로가 주연을 맡은 「7년 만의 외출」이라는

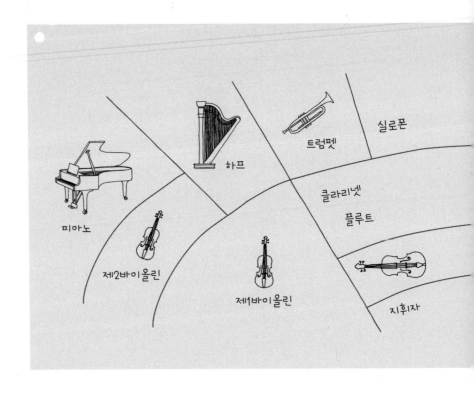

영화가 생각나요. 거기서 교육 수준이 높아 보이지 않는 사람이 라흐마니노프 피아노 협주곡을 듣자마자 '저건 클래식이네요.' 하고 말했거든요. 그러니까 잘 모르는 사람도 클래식과 다른 음악을 구별할 수는 있다는 건데, 대체 어떤 기준으로 그렇게 말하는 걸까요? 마이크나 전자 악기를 쓰지 않고, 오케스트라에서 나올 법한 악기로 연주하고, 성악 창법으로 노래하면 클래식이라고 부르는 걸까요?"

"오케스트라에서 나올 법한 악기라니, 어떤 악기들 말이냐?"

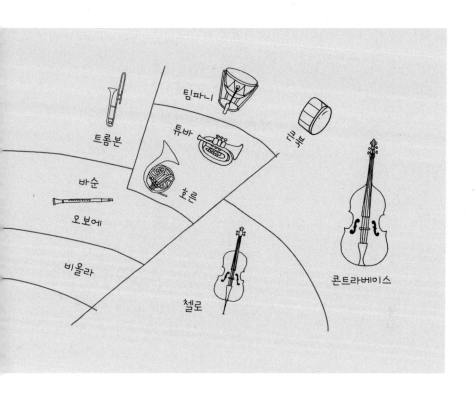

트롬본

팀파니

튜바

큰북

바순

호른

오보에

콘트라베이스

비올라

첼로

"아빠, 지금 절 시험하는 거죠. 뭐, 좋아요. 바로 알려 드리죠."

예니가 종이에 오케스트라 편성을 슥슥 그렸다.

"음, 이 정도 아닐까요? 그래도 제일 전형적인 편성은 현악5부, 목
관4부, 금관 3부에 팀파니일 거고요. 벤자민 브리튼의 『청소년을 위
한 관현악 입문』에 나오는 악기들요. 가만 보자, 이 많은 악기의 공통
점이 있어요. 죄다 어쿠스틱◆이에요, 하나도 빠짐없이 모두 다요. 노

◆ 전자 장치를 사용하지 않는 순수한 음향을 의미한다.

래 역시 마이크를 쓰지 않고 순전히 사람의 몸에서 나오는 소리로만 부르니 어쿠스틱이라고 할 수 있겠네요."

"그렇다고 사람들이 어쿠스틱을 클래식이라고 하진 않잖니? 재즈나 팝에서도 그런 악기들로 연주하는 경우가 많이 있는걸? 바이올린, 콘트라베이스, 피아노, 드럼, 트럼펫, 색소폰, 모두 어쿠스틱이잖아? 그래, 그렇다면 이 곡은 어떨까?"

아빠가 현악사중주 반주에 맞춰 노래하는 비틀즈의 「엘리노어 릭비Eleanor Rigby」를 틀어 주었다. 예니는 눈을 감고 노래를 감상했다. 노래가 끝나자 아빠가 다시 음악을 바꾸었다. 이번에는 현악 합주와 피아노가 마치 작은 피아노 협주곡처럼 연주하는 재즈 연주가 펼쳐졌다. 그 연주가 지루해질 무렵, 뮤지컬 「레 미제라블」의 제1막 피날레곡인 「원 데이 모어One Day More」가 흘러나왔다. 예니는 아빠가 하고 싶은 말이 뭔지 금방 알아챘다.

"악기 편성이 기준이라면 지금 들은 음악들도 전부 클래식이네요. 하지만 누구도 비틀즈의 「엘리노어 릭비」를 듣고 '이건 클래식이야!'라고는 안 하죠. 뮤지컬 「레 미제라블」은 정규 편성을 한 오케스트라가 연주하지만 클래식이라고 하지 않고요."

"그렇지? 그러니까 악기 구성이 음악을 구분하는 기준이 될 것 같진 않구나."

"그럼 이건 어떨까요?"

예니의 성격 탓인지, 아빠의 교육 방침인지, 예니는 평소에도 스스로 물어보고 대답하며 답을 찾아갔다.

"곡을 만들 때의 의도가 무엇인지를 기준으로 삼는다면요? 대중의 인기를 얻고 돈을 버는 것이 목적이었나, 미적이고 예술적인 가치를 표현하려고 한 것이었나, 하는 걸로요. 대중의 인기를 목적으로 만든 음악을 대중음악, 예술적 표현을 목적으로 한 음악을 클래식이라고 분류한다면요?"

"물론 음악 중에는 돈과 인기를 얻으려고 대중의 취향을 고려하여 만든 음악이 있어. 반대로 작곡가의 예술 지향점이 있는 음악도 있고. 다만 아빠 생각에는 앞서 말한 것은 대중음악이라기보다 '상업 음악'이라고 부르는 게 맞을 것 같구나. 뒤의 것은 '예술 음악'이라고 하는 게 더 분명하지 싶고."

예니가 한숨을 내쉬자 아빠가 빙그레 웃으며 이야기를 이어 갔다.

"대중음악으로 분류되는 음악 중에 작가가 예술적 의도를 가지고 만든 작품이 없을까? 반대로 클래식으로 분류되는 음악 중에서는? 거꾸로 생각해 보렴. 요한 슈트라우스는 대중에게 인기를 끌려고 음악을 만들었어. 너도 잘 알겠지만, 그 목적은 꽤나 분명했고. 반면 같은 시기에 활동한 브람스는 진지하게 예술로 표현하겠다는 의식이 분명했잖니? 그런데 요즘 사람들은 두 사람을 어떻게 평가하지? 브람스는 클래식이고, 요한 슈트라우스를 팝이라고는 안 하잖아. 사람들한테 요한 슈트라우스를 들려주고 이 음악의 장르가 뭐냐고 물으면 백이면 백, 클래식이라고 답할 거야. 하이든이랑 모차르트는 어떻고? 그들이 남긴 걸작 대부분은 궁정을 박차고 나와 흥행을 노리고 쓴 작품들이야. 요즘으로 치면 프리랜서 작곡가쯤 될까?"

예니는 갑자기 우울해졌다. 아빠에게 자신의 고민을 털어놓았지만 생각만 더 복잡해질 뿐이었다.

'지금까지 클래식이라는 한 길만 파 왔는데……. 뭐 이런 경우가 다 있지?'

서재에서 나와 방으로 돌아온 예니는 시무룩하게 책상 의자에 앉아 습관적으로 컴퓨터의 전원을 켰다. 그러고는 유튜브 검색창에 '클래식이란 무엇인가?'라고 치자 레너드 번스타인*이 뭔가를 열정적으로 설명하는 흑백 영상이 튀어나왔다. 자막이 없는 데다 워낙 빠르게 말해서 정확하게 다 알아듣진 못했다. 예니는 그가 하는 말을 띄엄띄엄 메모지에 적어 가며 모니터를 뚫어지게 바라봤다.

Classic?

헨델=클래식, 팝이나 재즈 or 포크가 아닌 음악≠클래식?

클래식을 잘못 쓰는 것→'좋은' 음악???

그렇지만 좋은 재즈나 팝송도 얼마든지 있는데?

심각하고 진지한 음악=클래식?

전통 재즈나 진지하기 짝이 없는 아프리카의 전쟁 무용곡은?

어떤 사람은 똑똑하고 교육 수준이 높은 사람만 이해할 수 있는

차원 높은 음악이라는 뜻으로 쓴다?

예술 음악이라...... 예술 음악과 상업 음악을 구별하는 방법이 있나?

예술 음악에는 피아노 독주나 현악사중주 같은 것만 있을까?

대체 클래식과 다른 음악의 차이는 뭐지? (대체 뭐냐고요!!??)

진정한 차이는 '정확한 음악'에 있다?

작곡가가 음표 하나하나를 악보에 그려넣었을 때, 그 악보의 음대로

목소리를 통해 혹은 악기로 연주하길 바란다는 것!

작곡가는 악보에 여러 가지 지시사항들, 얼마나 세고 여린지,

얼마나 빠르고 느린지 등을 기록함. 이를 통해 정확한 연주가

이루어지기를 기대함. 악보만으로 완전한 연주 아님.

작곡가는 악보를 쓸 때 자신의 생각을 최대한 정확하게 표시.

연주자는 이걸 최대한 정확하게 표현, 연주란 짜릿한 행위! (아, 모르겠다!)

◆ 뮤지컬 「웨스트사이드 스토리」의 작곡자. 뉴욕 필하모닉의 음악 감독을 지냈다.

아빠, 대체 부르주아가 뭐예요?

사람들이 '부르주아'를 '부자'라는 뜻으로 쓰는데, 이 말이 그렇게 단순한 뜻을 가진 건 아니야. 사회학에서는 노동력을 판매한 대가, 즉 임금으로 생활해야 하는 '프롤레타리아(노동 계급)'를 고용하여 이윤을 획득하는 '자본가 계급'이라는 뜻으로 많이 사용되거든. 하지만 임금으로 생활한다고 모두 프롤레타리아인 건 아니란다. 임금을 받아 생활하는 관리직이나 전문직 종사자를 프롤레타리아라고 하진 않으니까. 그들은 부르주아나 소부르주아(소시민)라고 부르거든. 이는 부르주아라는 말이 원래는 '중간 계급'을 가리키는 말이었기 때문이란다. 여기서 중간 계급이란 부자와 가난한 사람의 중간이 아니라 귀족과 농민의 중간이라는 뜻이야. 시민 혁명 이전의 신분 제도 사회에서 귀족은 아니지만 농민이나 노동자보다 부유한 계층을 부르주아 혹은 '제3신분'이라고 불렀거든. 이들은 주로 상공업에 종사하거나 왕실이나 귀족에게 고용되어 지식 노동, 이른바 법이나 의학, 예술 분야에서 일했어.

시민 혁명이 일어나고 신분 제도가 폐지된 다음에도 여전히 좋은 집안 내력과 대대로 물려받은 영지를 가진 전통 상류층을 중심으로 '신사' 계층이 형성되었단다. 이때 신사들이 상공업자나 변호사 같은 신흥 상류층을 '부르주아'라 부르며 자기들과 구별했대. 부르주아와 같이 어울려 주기는 했지만 은근히 무시

하면서 말이지.

부르주아는 나름대로 신사의 교양이나 문화적 소양을 따라잡아 보려고 애썼어. 아니, 적어도 그런 것처럼 보이려고 했지. 그리고 그들이 비교적 쉽게 시도한 게 문화를 '상품'으로 만들어 구입한 거야. 과거에는 왕실이나 귀족의 궁정에서 경험할 수 있었던 고급문화를 가장 부르주아적인 방법으로 바꾸어 놓은 거지. 그 덕분에 초대받지 않고도 돈만 내면 고급 요리를 즐길 수 있는 레스토랑이나 고급 공연 예술을 감상할 수 있는 대규모 공공 공연장이 성행했단다.

음악회에서
생긴 일

**요제프 하이든,
현악사중주
B플랫 장조 Hob. 3-78**

하이든이 예순다섯 살이 되던 해에 요
제프 에르되디 백작의 의뢰로 작곡한
여섯 개의 현악사중주 중 네 번째 곡이
다. 이 작품을 작곡한 대가로 하이든은
당시 대학교수의 십 년치 연봉을 받았
다고 한다. 1악장의 첫 번째 주제가 해
가 떠오르는 것 같다고 하여 '일출'이
란 별칭이 붙었는데, 정작 하이든은 이
사실을 몰랐다. 우아하면서도 경쾌하
고, 결코 단순하지 않은 기법이 돋보이
는 이 작품에 감명받은 모차르트는 현
악사중주를 연구하여 하이든에게 현
악사중주 여섯 곡을 헌정했다.

요란한 박수 소리와 앙코르를 외치는 소리가 콘서트홀 안에 울려 퍼졌다. 곧이어 세계적인 현악사중주단으로 성장한 N콰르텟 멤버들이 무대로 나와 관객을 향해 인사했다. 예니의 귓가에 하이든의 현악사중주 「Hob.3-78번」과 모차르트의 현악사중주 「K.428번」의 선율이 맴돌았다. 특히 「K.428번」의 4악장에서 나오는 절묘한 대위법은 언제 들어도 기분이 좋아진다. 절묘한 기술로 연주하는 그것이 꼭 현학적으로만 들리는 건 아니다. 휘파람으로 불 수 있을 것 같은 친근하고 경쾌한 선율이 언제 들어도 오묘하다.

　하지만 오늘 연주는 어쩐지 조금 아쉬웠다. 하이든을 연주할 때는 박력이 부족해서 꼭 모범생 같은 느낌이 들었다. 또 모차르트를 연주할 때는 선율적 아름다움에 치우쳐 있어 그 치밀한 구조와 기법을 충분히 표현하지 못했다. 그럼에도 음악회에서 직접 듣는 연주는 유명한 연주자의 연주를 녹음한 음반으로 듣는 것에 비할 바가 안 된다.

예니는 옆자리에 앉아 있는 원이가 신경 쓰였다. 한사코 오기 싫다는 사람을 억지로 끌고 왔는데, 지루해서 졸고 있는 건 아닌지 궁금했다. 그런데 이게 웬걸, 원이는 매우 행복한 얼굴을 하고서 손바닥이 벌게지도록 박수를 쳤다. 그 모습을 본 예니가 얼굴 가득 화사한 미소를 짓자 트레이드 마크인 보조개가 양 뺨에 움푹 파였다. 곧이어 예니가 팔꿈치로 원이의 옆구리를 꾹 찌르고는 짓궂은 표정을 지어 보였다.

"응?"

깜짝 놀란 원이가 예니 쪽으로 고개를 돌렸다. 때마침 객석에 불이 들어오고, 장내 방송이 들려왔다.

"관객 여러분, 지금부터 15분간 휴식 시간을 갖도록 하겠습니다……."

장내 방송이 끝나자 원이가 다시 예니를 돌아봤다. 왜 옆구리를 찔렀는지 알고 싶다는 표정이다.

"그냥 궁금해서. 지금도 이게 부르주아의 가식과 허세로 들려?"

"나 원 참."

원이가 피식 웃었다.

"여태 그 말을 담아 두고 있었어? 나야 좋지. 클래식이건, 팝이건, 록이건, 재즈건. 좋은 음악을 듣는 건 언제나 행복하니까. 그런데 잠깐만."

원이가 말을 멈추더니 옆 블록으로 성큼성큼 걸어갔다. 뒷좌석에는 초등학교 2학년쯤 되어 보이는 아이들이 옹기종기 앉아 있었는데, 그 아이들의 보호자가 보이지 않았다.

"음악회에는 친구들끼리 왔어요?"

원이가 아이들의 눈높이를 맞춰 쭈그리고 앉아 다정하게 말을 걸었다. 그 모습에 예니는 '역시, 교사를 꿈꾸는 사람이라 그런가? 아이에게 다가가는 법을 잘 알아.' 하고 속으로 감탄했다. 한편 원이의 행동에 깜짝 놀란 아이들은 얼굴이 빨개져서 말없이 고개만 살래살래 흔들었다.

"그럼, 부모님도 같이 오셨어요?"

"네, 엄마랑 아빠는 밖에서 기다린다고 하셨어요. 끝나면 데리러 오신댔어요."

아이들 중 학년이 높아 보이는 아이가 코맹맹이 소리로 대답했다.

"아, 그랬구나. 그럼 남은 음악도 잘 들어요."

원이가 자리로 돌아오려고 뒤돌아서려던 참이었다.

"근데요, 너무 재미가 없어요."

"나는 아까 잠도 잤어요."

아이들의 대답에 원이가 깜짝 놀라 물었다.

"그렇게 재미가 없는데, 왜 왔어요?"

"엄마가 가라고 했거든요. 고전 음악을 많이 들어야 훌륭한 사람 된다고요."

"그랬구나. 그래도 열심히 들어 보세요. 나도 재미없을 줄 알았는데, 듣다 보니 재미도 있고 감동도 있어요."

원이가 아이들에게 다정하게 손을 흔들고 나서 예니가 있는 자리로 돌아왔다.

"애들하고 무슨 얘기를 그렇게 했어?"

"보호자도 없이 아이들만 저렇게 와 있어도 되나 싶어서. 특별히 클래식을 좋아하는 것도 아니라는데. 막 떠들거나 소란스럽게 굴지 않아서 천만다행이야. 그나저나 저렇게 지루해서 몸을 배배 꼬는 아이들을 억지로 음악회에 보내는 부모들의 속셈은 뭘까?"

원이가 고개를 절레절레 저으며 말했다.

"다 부모 욕심이지 뭐. 어릴 때부터 고전을 읽히고, 하루 종일 클래식을 틀어 놓고, 시간이 날 때마다 미술관에 가서 명화도 보여 준대. 그렇게 안 하면 다른 애들한테 처진다고. 아마 쟤들 엄마도 여기에 보내면서 '지루해도 들어! 마음의 양식이 될 거야!'라고 다그쳤을걸?"

"문제는 그게 다가 아니야. 저 애들이 클래식을 '고전 음악'이라고 했어!"

예니는 원이의 반론에 고개를 갸우뚱했다.

"고전 음악이 문제라고?"

"아니, 클래식과 고전 음악을 같은 뜻으로 쓰는 게 문제라고!"

그제야 예니는 원이가 의문스러워했던 것을 이해했다.

"아아, 왜 하필이면 서양 음악을, 그중에서도 특정한 유형의 음악을 고전 음악이라고 부르냐고?"

"우리 생각이 잘 통하는데."

원이가 예니를 보며 웃어 보였다.

"내 생각도 같아. 난 서양의 특정 유형의 음악이 무조건 '고전'의 가치를 지닌다고 생각하지 않거든. 물론 '클래식classic'은 '고전'이라는 뜻을 가져. 실제로 클래식이라 불리는 음악 중에 '고전'의 가치를 지니는 작품이 많기도 하고."

원이의 말이 끝나기가 무섭게 예니가 갑자기 손을 번쩍 들었다.

"미래의 선생님, 질문이 있어요! 대체 '고전'이 뭐예요?"

원이가 예니를 보며 싱긋 웃었다. 그러고는 교실에서 수업하는 양 목소리를 가다듬었다.

"사전에는 '오랜 시대를 거치며 많은 사람에게 가치를 인정받아 모범이 된 작품'이라고 나와 있어요. 조금 어렵죠? 그럼 찬찬히 세 가지로 나눠서 생각해 봐요. 첫 번째로 오랜 시대, 두 번째로는 많은 사람의 인정, 세 번째로는 모범이 된다. 이때 애매한 게 있어요. 오랜 시대란 도대체 얼마나 긴 시간을 의미할까요? 대략 한 세대라고 아우르는 삼십 년은 넘어야 할 거예요. 그러니 이런저런 조건과 상황을 생각해 봤을 때, 고전이란 작품이 만들어진 시대를 넘어 일반 사람들에게 가치를 인정받고, 그 분야의 기준과 모범이 되는 작품을 뜻해요."

"또 질문이요! 클래식이라고 부르는 것 중에는 선생님 말씀하고 안 맞는 것들이 많아요. 한 세대를 아우르고 아직 살아 있는 작곡가

들이 작곡한 작품도 클래식이라고 하는데, 천년 전에 중국이나 일본
에서 만들어져 지금까지 연주되는 음악은 클래식이라고 하지 않아
요. 우리나라 음악은 말할 것도 없고요. 전통 음악, 혹은 국악이라고
부르지요."

"선생님 생각도 같아요. 클래식은 고전 음악이 아니라 서양의 특
정한 유형의 음악을 뜻하는 말인데, 클래식이라는 말 자체에 고전이
라는 뜻이 있어서 혼란이 생긴 거예요. 하지만 지금껏 클래식이라고
불러 왔는데, 이제 와서 다른 말로 바꾸는 건 어렵지 않을까요. 아, 그
럼 이건 어때요? '서양 고전 음악'이라고 하면?"

"그건 좀 낫네. 그래도 뭔가 어색하단 말야."

원이의 제안에 예니가 본래의 말투로 돌아왔다.

"문학이나 다른 예술 장르에서는 이렇게 헷갈리게 쓰지 않잖아.
'클래식 문학 전집'이 있다고 생각해 봐. 그 전집에는 고대 그리스 문
학인 『일리아드』를 비롯하여 『오디세이』, 『길가메시 서사시』, 『삼국
지연의』, 『이백 시선』, 『신곡』, 『한여름 밤의 꿈』, 『파우스트』, 『서유
기』, 『데이비드 코퍼필드』, 『만엽집』 등 아주 다양한 작품이 수록될
거야. 또 『클래식 미술』이란 화보집이 출간된다고 가정해 봐. 고대 그
리스 조각, 라파엘로의 벽화, 렘브란트의 초상화, 로댕의 조각, 피카
소의 그림은 물론이고 왕희지*의 글씨, 앙코르 와트의 조각에 가쓰
시카 호쿠사이**의 우키요에*** 같은 것들이 들어가겠지. 그러니까
내 말은 다른 예술 분야에서는 어느 특정한 시대의 독특한 방식으로

제작된 서양의 작품을 클래식이라고 하지 않는데, 유독 음악만 다르다는 거야. 모든 음악을 망라해서 훌륭한 음악만 모아 클래식이라고 하는 것도 아니고. 왜 특정한 유형의 서양 음악들을 클래식이라 부르느냐고. 다른 장르의 음악보다 가치가 있다는 느낌을 팍팍 주면서 말이야."

"하아……."

원이가 난감한 표정을 지었다.

"난 내가 듣는 음악이 뭔지도 모르는 채 앞으로 한 시간이나 더 들어야 하잖아?"

절망적인 목소리로 말하는 원이를 바라보며 예니가 무심하게 툭 내뱉었다.

"뭘, 그 정도 가지고 그래? 난 내가 지금 하고 있는 게 뭔지도 정확하게 설명하지 못했어. 그러면서 내 운명이니 뭐니 하면서 평생 연습해 왔다고. 다른 장르는 귓등으로도 안 들었고."

"하기야……."

원이가 긴장한 듯 양손을 깍지 끼고 있는 예니를 보고 피식 웃음을 터뜨렸다.

◆ 중국 진나라의 서예가.
◆◆ 일본을 대표하는 화가.
◆◆◆ 17세기 초, 일본 에도 시대에 일반 사람들의 생활이나 풍경, 풍물 등을 그린 풍속화. 여러 가지 색상으로 찍힌 목판화를 비롯하여 육필화에 이르기까지 다양한 화풍이 있다.

"예니야, 정확히 안다는 게 뭘까? 우리가 뭔지 모르고 하는 게 어디 한둘이야? 나도 입으로는 선생님이 되고 싶다고 하지만, 교육이 뭔지 정확히 말할 순 없어. 세상 사람들 모두 우리랑 똑같아. 인생이 뭔지도 모르면서 묵묵히 살아가고 있다고."

"또 나왔다. 오빠의 개똥철학! 하하하. 네, 잘 알아들었습니다. 근데 이 이야길 더 했다간 머리가 아파서 음악을 못 들을 것 같아. 2부에서 연주될 곡은 1부에서 들은 것보다 훨씬 더 어려운 곡들이거든. 우리 좀 쉬자."

"흭, 지금까지도 충분히 어려웠는데, 그보다 더 어려운 곡들이라고? 아이고, 머리야……."

원이가 손바닥으로 머리를 감싸 안았다.

"그런데 '클래식'이라고 쓰는 거, 어법상 틀린 것 같아. 이래 봬도 장차 선생님이 될 몸이라 이런 사소한 문법적인 데에 좀 민감하거든. 클래식은 명사잖아. '클래식한 음악classical music'이라고 해야 맞는 거 아냐? 더 정확히는 '클래식한 서양 음악European classical music'이고. 애당초 명칭을 잘못 붙여서 이 모든 혼란이 일어난 게 아닌가 싶거든."

"그러니까 정확하지 않은 명칭을 붙인 바람에 이렇게 큰 혼란이 일었단 거야? 재밌는 발상인데?"

"여하튼 클래식만으로는 어법에 안 맞아. 클래식한 서양 음악이라고 해야겠지. 이렇게 부르면 이건 서양 음악 중 고전과 모범의 반열에 들어선 음악이란 뜻이 되잖아? 그 자체로 보다 높은 가치를 지니고,

꽤 오랜 시간이 지났다는 의미도 있으니까. 지금도 활발하게 활동하는 현역 작곡가들이 '내 작품은 클래식이다!'라고 한다면 건방지다고 욕을 먹을 수도 있지만, '내 작품은 클래식한 음악이다.'라고 말하면 아무도 뭐라 하지 않을걸. '서양 음악의 고전과 비슷한 방식으로 만들어 연주되는 음악'이란 뜻이니까. 어때?"

"하지만 다들 클래식이라고 하는 걸 이제 와서 뜯어고칠 순 없잖아. 지금처럼 클래식이라고 부르고, 그 뜻이 '클래식한 서양 음악'이라고 알아 두는 수밖에. 그게 언어의 역사성이자 사회성 아니겠어?"

"하하. 공부 열심히 했나 보네?"

"음대도 내신이 좋아야 하니까. 수능은 기본 옵션이고!"

02

{ 아빠, 예술 음악과 상업 음악의 차이를 알려 주세요! }

예술가라 하면, 가난해도 고집스럽게 자신이 추구하는 바를 성취하려는 이미지가 강하지. 진정한 예술가는 대중과 타협하지 않고 순수한 아름다움을 추구해야 한다고. 어리석은 대중이 예술가의 가치를 몰라 봐서 위대한 예술가일수록 가난에 시달릴 수밖에 없다는 환상까지 덧붙여서. 아빠가 어릴 적에 읽었던 베토벤 전기에는 대중의 사랑을 받으며 부자가 된 로시니와 대중을 신경 쓰지 않고 고집스럽게 자신만의 음악을 추구한 가난한 베토벤을 대비시켜 놓곤 했단다.

그런데 예술성과 상업성이 그렇게 딱 부러지게 구별되는 것은 아니지 싶어. 사실 베토벤도 고집스러운 예술혼이 빛나는 작품 활동만 한 건 아니었어. 부와 명예를 움켜쥐려고 죽기 살기로 작곡에 매달렸거든. 대중이 작품의 세계를 이해하지 못해 가난에 시달렸다고 알려진 모차르트 역시 실제로는 당시 대학교수의 열 배가 넘는 수입을 거두었어. 그가 가난했던 건 저축은커녕 사치를 일삼은 본인의 탓이 커.

그러니 작품을 만든 동기가 예술적이냐 상업적이냐 하는 것만으로 예술 음악이냐 상업 음악이냐를 구별할 수는 없을 것 같고, 작곡 과정이 더 중요할 것 같구나. 공장에서 일괄적으로 상품을 생산하듯이 대중이 원하는 취향을 고려했는지, 아니면 그 속에서도 작가의 고민과 창조성을 발휘하려고 분투했는지 하는 걸로 말야. 클래식의 형식을 띠고 있더라도 현재 유행하는 스타일과 표준화된 기법으로 붕어빵처럼 만들어 냈다면 그건 상업 음악일 거야. 반대로 겉은 팝의 형식일지라도 작가가 창작 과정을 주도하고, 대중과 작가의 주관 사이에서 고민했다면 그건 예술 음악이 되겠지.

누굴 위한
클래식일까?

요제프 하이든,
첼로 협주곡 2번
D장조 Hob. 7b-2

교향곡의 아버지로 불리는 하이든은 1761년에서 1790년 사이에 첼로 협주곡을 주로 작곡했다. 그중 첼로 협주곡 제1번과 20세기 중반에 접어들어 발견된 제2번이 유명한데, 제2번에는 웃지 못할 에피소드가 있다. 악보가 발견됐을 당시, 하이든의 제자인 안톤 크래프트의 아들이 나타나 '이것은 자신의 아버지 작품'이라며 위조설을 주장한 것이다. 그러나 1954년 빈에서 하이든의 수기 악보가 발견되면서 위작 의혹이 사라졌다.

'음악은 당연히 클래식이라고 생각했는데.'

그날 밤, 예니는 머릿속이 복잡했다. 그동안 당연하게 생각해 왔던 클래식의 세계를 한 걸음 떨어져서 바라보는 게 편하지만은 않았다.

올해로 열여덟 살이 된 예니는 이미 해외 데뷔 무대를 마친 전도유망한 첼리스트였다. 물론 눈에 띄는 재능이 있어 가능한 일이었지만, 남몰래 피나는 연습을 한 끝에 지금의 위치에 올라설 수 있었다. 현을 잡는 왼손 손가락에 허물이 벗겨져 피를 철철 흘린 게 몇 번인지 셀 수도 없다. 손가락 마디마디에는 십 대 소녀의 손이라고는 믿을 수 없을 만큼 딱딱한 굳은살이 박혔다. 주민등록증을 만들 때는 지문이 제대로 찍히지 않아 동사무소 직원이 얼마나 애를 먹었는지 모른다. 활을 움직이는 오른쪽 어깨에는 만성 근육통이 생겼고, 한번은 손목이 아려서 젓가락질을 못할 정도였다. 격렬한 연주로 허리를 삐끗해서 며칠인가 연습을 쉰 적도 있었다. 그러나 예니는 울거나 아프다는 투정을 한 번도 하지 않았다. 첼로 연습을 거듭할수록 클래식이 다른 음악보다 더 가치 있고 고차원적인 음악이라는 자부심이 생겨났다. 마치 순례자의 고행처럼, 이 고결한 세계에 들어서기 위해서라면 이 정도 고통쯤 참아야 한다고 생각했다.

그런데 요 며칠, 원이와 이야기를 나누다 보니 클래식의 지위가 상대적인 것이 돼 버렸다. '꼭 첼로를 켜야 할까?' 하는 의문마저 생기게 되었고, 첼로 연습이 부질없이 느껴졌다. 결국 예니는 자신의 머릿속을 가득 채운 생각들을 지우려는 듯이 하이든의 「첼로 협주곡 D장조」를 연주했다.

'원이 오빠 말이 맞을지도 몰라. 클래식만 우월하고, 클래식만 가치 있는 음악이라고 생각하는 건 틀렸을지도 몰라. 하지만 음악회에서 연주되고, 음반으로 녹음되는 건 문화유산으로 길이 보존할 만한 가치가 있는 훌륭한 작품들이야. 그래, 그거면 됐어. 그것만으로도 연습할 가치가 있는 거야.'

예니가 연주하는 첼로의 선율에 아빠가 하던 일을 멈추고 예니의 방으로 향했다. 아빠는 예니의 방문 앞에 서서 자랑스러운 눈빛으로 예니를 바라보며 연주에 귀를 기울였다. 예니는 아빠가 온 걸 알아차리지 못한 채 첼로에서 활을 거뒀다.

"아쉽구나. 한창 듣기 좋았는데."

예니가 연주를 중간에 멈추자 아빠가 못내 아쉬운 마음을 드러

냈다.

"아빠, 언제 오셨어요?"

"너무 아름다운 연주가 발길을 이끌어서. 내 딸이지만 정말 멋지구나. 끝까지 듣고 싶었는데 못 들어서 아쉬워."

"죄송해요. 갑자기 딴 생각이 들어서 연주에 집중할 수가 없었어요."

"잡념이 생기면 제대로 연주하기 어렵지. 클래식으로 분류된 작품을 연주할 때는 더더욱. 그나저나 무슨 생각이 강철 멘탈 예니의 연주를 멈추게 했을까? 살짝 털어놔 볼래? 싫으면 안 해도 되고."

"아뇨, 털어놓는 게 좋을 것 같아요. 클래식이란 대체 뭔지 생각하고 있었으니까요."

"어이쿠, 아직도 그 생각하고 있었어? 예니는 음악가보다 철학자가 적성에 더 맞을 것 같구나."

"철학 하는 음악가가 되면 되죠. 소설 쓰는 사회학자도 있는데 안될 것도 없잖아요?"

"듣고 보니 그렇네. 그럼 네 철학적 고민을 들어볼까?"

"아빠, 저는요. 클래식은 당연히 제가 가야 할 길이라고 생각했어요. 가요나 팝은 연주해 본 적도 없고 앞으로도 연주할 생각이 전혀 없고요. 그런데 이제 와 생각해 보니 클래식이 뭔지, 내가 연주하고 있는 게 클래식이 맞긴 한 건지 모르겠어요."

"이거 심각한걸? 클래식이라 불리는 장르가 음악의 정수를 일컫는 말은 아니지만, 네가 연습하는 곡들은 틀림없는 클래식이야. 장르를 불문하고. 근데 왜 이런 의심을 하게 됐니?"

"보통 클래식이라고 하는 건 분야를 막론하고 '영겁의 세월을 견뎌 온 인류의 귀중한 유산'이라고 하잖아요? 그런데 제가 연주하는 작품들이 그렇게 불리기에는 견뎌 온 시간이 짧지 않았나 하는 생각이 들어서요. 방금 연주한 하이든만 해도 그래요. 하이든이 한창 활동했던 시대를 흔히 '고전 시대'라고 해요. 하이든이나 모차르트를 기준으로 그 이전 시대, 바로크 음악이나 르네상스 시대 음악은 '고음악ancient music'이라고 하고요. 기껏해야 16~17세기 음악인데 말이죠."

"그러니까 네 생각에는 그 역사가 짧다는 거야?"

아빠가 의아한 표정으로 예니를 빤히 쳐다봤다.

"네, 역사책에서는 하이든이나 모차르트가 활동한 18세기를 '근대'라고 했어요. 그런데 그 당시의 작품들을 고전 시대 음악이라고 하는 게 이상해요. 이것들을 클래식이라고 정의하는 건 섣부른 게 아닐까요?"

"하하, 우리 예니가 아주 중요한 문제를 찾아냈네. 그러게, 아빠도 미처 생각하지 못한 부분이다. 문학이나 미술에 비하면 음악은 많이 어리네."

아빠는 호쾌하게 웃었고, 예니는 억울한 듯이 아빠를 바라봤다. 그 모습에 아빠가 웃음을 멈추고 말을 이었다.

"그래그래, 문학에서 고전 시대 작품이라고 하면 멀게는 호메로스*나 아이스킬로스**, 키케로*** 등이 활동하던 고대 그리스·로마 시대, 가깝게는 밀턴이나 단테, 셰익스피어가 활동하던 16세기를 꼽으니 말이다. 미술에서도 다빈치나 미켈란젤로, 라파엘로 등이 활동했던 시기가 16세기고.”

“그렇죠? 고전 시대라고 하기에는 너무 최근이죠?”

“그런데 서양 예술에서 음악의 고전 시대가 문학이나 미술과 다른 점은 시기적인 것 말고도 또 있단다. 그게 뭘까? 예니는 똑똑하니까 금방 눈치챘을 거야.”

“시기 말고 다른 점이 또 있다고요?”

“조금 어려웠나? 그럼 힌트를 주마. 서양의 다른 예술 장르와 달리 음악은 고전 시대라 불리는 서양의 특정한 지역과 시대를 모범으로 삼아 참고하지 않아.”

“아, 알았다! 그리스·로마 시대요. 전에 아빠가 추천해 준 역사책에서 라신♦♦♦♦이나 코르네유♦♦♦♦♦, 괴테처럼 그리스 작품들을 모범으로 삼은 문학 작품들을 ‘고전주의’라고 했어요. 서양 미술의 부흥기였던 르네상스 시대도 고대 그리스·로마의 문화를 되살린다는 의미

♦ 고대 그리스의 시인. 유럽 문학 중에서 가장 오래된 『일리아드』와 『오디세이』의 작가로 알려졌다.
♦♦ 고대 그리스의 3대 비극 시인 가운데 한 사람.
♦♦♦ 로마의 정치가이자 작가.
♦♦♦♦ 17세기 프랑스 고전주의의 대표적 작가. 프랑스 고전주의의 어머니로 불린다.
♦♦♦♦♦ 17세기 프랑스의 극작가. 고전 비극을 완성했고, 인간의 의지와 이성의 승리를 묘사한 작품으로 유명하다.

였고요. 그러고 보니 음악의 고전 시대는 그리스나 로마하고 별 관계가 없네요. 바흐나 헨델, 비발디 같은 음악가들이 그리스·로마 음악을 연구했다거나 그 시대를 복원하려고 했던 것 같지도 않고요."

아빠가 씩 웃으며 첼로를 연주하던 예니를 볼 때보다 훨씬 더 애틋한 눈빛으로 바라봤다.

"맞아. 더 쉽게 설명해 볼까? 모차르트는 근대에 활동한 음악가이자 계몽주의자였어. 고대 그리스·로마를 숭상하기는커녕 고리타분하게 여겼지. 그래서인지 고대 영웅들을 주인공으로 하는 정가극*보다 당대의 인물들을 다루는 희가극**에 주력했단다. 모차르트가 남긴 말이나 편지 등을 뒤져 봐도 고대 그리스·로마의 음악을 참고했다거나 언급한 흔적은 찾아볼 수 없어. 같은 시기에 활동한 철학자나 작가, 화가나 조각가, 건축가가 작품을 통해 내비친 고대 그리스·로마를 향한 경외감이나 동경 같은 것도 전혀 느껴지지 않고."

예니가 아빠의 말에 동의한다는 듯이 고개를 끄덕였다.

"서양 음악의 역사를 살펴보면 17세기가 돼서야 갑자기 펑 하고 생긴 것 같아요."

"그렇니?"

"네, 바흐를 '음악의 아버지'라고 부르는 것도 늘 이상했어요. 어떤 분야의 아버지라고 하기에는 너무 젊잖아요?"

◆ 오페라 세리아. 영웅이나 신화 따위에서 소재를 따 온 비극적인 내용의 정통 가극.
◆◆ 오페라 부파. 경쾌한 음악을 수반하는 희극적이고 익살스러운 내용의 가극.

그러고는 손가락을 꼽아 보더니 갑자기 큰 소리로 웃어 젖혔다.

"바흐는 아리스토텔레스보다 이천 살이나 어려. 하하."

한동안 다른 음악가들의 나이도 헤아려 가며 깔깔 소리 내어 웃던 예니가 뭔가 생각났다는 듯이 정색하며 물었다.

"17세기 이전의 음악이랑 우리가 클래식이라고 부르는 음악은 굉장히 다르잖아요? 그런데 17세기 이후부터 지금까지 이어진 클래식은 일관된 규칙이랄까, 특징이 있고요. 왜 이런 차이가 생겼을까요?"

"그건 근대화랑 관계가 있을 거야."

"근대화요? 그게 음악과 어떤 상관관계죠?"

예니가 눈을 동그랗게 뜨고 되묻자 아빠가 자못 차분한 목소리로 말했다.

"관계야 아주 많지. 사실 모든 예술은 그 시대의 기술이나 제도, 사회 구조의 영향을 받을 수밖에 없거든. 이를테면 고대 그리스에 대규모 관중이 한자리에 모여서 축제를 즐기는 문화가 없었고, 그런 축제를 개최할 만한 극장을 세울 수 없었다면 소포클레스*나 아이스킬로스가 오늘날까지 전해 내려오는 비극을 쓸 수 있었을까?"

"아."

"셰익스피어는 도시가 발달하여 기꺼이 돈을 내고 연극을 관람하고자 하는 사람들이 많았던 시대에 살아서 길이 남을 걸작을 쓴 거

◆ 고대 그리스의 시인. 비극을 기교적·형식적으로 완성했다.

야. 만약 대중을 모으기 힘들었거나 연극으로 돈을 벌 수 없었다면 다른 분야에서 재능을 발휘했겠지만."

"그럼 미술은요? 미술은 혼자 하는 거니까 사회의 영향을 덜 받지 않았을까요?"

"미술 역시 재료나 도구 때문에 사회나 경제의 영향을 많이 받아. 조각을 하려면 망치와 끌 같은 연장이 있어야 하는데, 이건 제철이나 제련 기술과 곧바로 연결돼. 지금이야 물감을 손쉽게 구할 수 있지만 그때에는 색깔마다 물감을 만드는 방법과 기술자가 달랐어. 색을 갖춰 놓고 그림을 그리는 건 상상도 할 수 없었지. 자유 시상 경제가 발달하기 전엔 물감을 구하는 것조차 쉽지 않았으니까."

"미켈란젤로나 라파엘로가 색을 얇게 펴 바른 거나 그림의 색감이 소박했던 데에는 그런 사연이 있었네요."

예니는 이탈리아로 연주회를 갔다가 들른 바티칸 박물관에서 본 미켈란젤로와 라파엘로의 그림을 떠올리며 고개를 끄덕였다.

"비교적 구하기 쉬운 색을 많이 쓰고, 구하기 어렵고 비싼 색은 아껴서 쓴 거야. 내 생각에는 다른 색에 비해 파란색이 비싸지 않았을까 싶어."

"인상파 화가들이 색을 다양하게 쓰고, 덕지덕지 칠할 수 있었던 건 물감을 대량 생산할 수 있게 된 덕분이고요?"

"그렇지. 미술과 마찬가지로 문학도 산업 혁명이 일어난 뒤에 확 바뀌었어. 기계식 공장이 등장하고 인쇄기가 동력 기관에 연결되자마자 어마어마한 인쇄물을 찍어 냈거든. 책값이 저렴해지자 책을 읽고자 하는 사람들도 많아졌어. 그래서 근대 이후에 소설과 같은 산문 문학이 발달한 거야."

아빠가 신이 나서 열변을 토했지만 예니는 아빠의 설명이 성에 차지 않는 모양이다. 고개를 갸웃거리던 예니가 마침내 입을 열었다.

"산업 혁명이 예술 시장 판도를 크게 바꿨다는 건 잘 알겠어요. 하지만 음악의 고전 시대가 왜 근대 이후인지는 대답하지 않으셨어요."

"하하, 급하기도 하지. 지금 막 설명하려던 참이다. 네 말대로 고전 시대라고 불리려면 몇 가지 조건이 필요한데, 음악은 문학이나 미술에 비해 조건을 갖추기가 어려웠어. 그 어려움은 18세기에 접어들어서야 해소됐고."

"그게 뭔데요?"

"어떤 시대가 고전 시대라고 불리려면, 그 시대의 작품이 이후 모든 시대 작가들에게 모범이 돼야 한다는 건 알고 있지? 그러려면 작가들이 참고할 수 있을 만큼의 작품이 남아 있어야 해. 문제는 음악이 형태가 없는 소리라는 거야. 소리는 그 순간이 지나면 잠시 기억에 남았다가 다시 돌아오지 않으니까. 오르페우스가 실제로 어떤 음악을 했는지 우리는 알 수 없잖니? 우륵이 어떤 연주를 했는지 알 수 없고? 녹음 기술이 발전하기 전까진 어떤 음악이 유행했는지, 그게 어떤 파급력이 있었는지 알 수가 없어."

"악보에 기록하면 되잖아요?"

예니의 물음에 아빠가 무릎을 탁 치며 말했다.

"바로 그거야. 네가 생각하는 것보다 악보로 음악을 기록한 역사는 짧아. 더구나 문자로 문학 작품을 재연하는 것처럼 악보가 음악을 온전히 재연할 수도 없고."

"중세 때도 악보는 있었어요. 「그레고리오 성가」도 악보로 기록돼서 지금까지 남아 있으니까요. 그때를 고전 시대로 생각할 수도 있잖아요."

"네우마*를 말하는구나. 그건 음의 고저만 표시할 뿐 강약이나 장단까지 표시하지는 못해. 그러니 네우마에 적혀 있는 대로 부른다고 그 시대의 음악을 재연한다고 보기는 어렵지. 17세기에 이르러 오늘날 우리가 사용하는 기보법이 이탈리아에서 만들어지기 전까지 악보는 매우 불완전했고. 쉽게 풀어서 문학으로 예로 들어 볼까? 만일 드문드문 글자 몇 개가 남아 있고, 그 사이를 문헌학자들의 상상력으로 채워야 하는 기록이 있다고 치자. 그게 과연 완성된 작품일까?"

아빠의 말을 듣고 보니 평소 무심하게 들춰 보던 악보가 엄청난 신비와 기적을 담고 있는 것처럼 느껴졌다.

"우아, 악보라는 게 얼마나 파격적인 것인지 이제야 알겠어요."

"하지만 악보의 진짜 위력은 산업 혁명 이후에서야 발휘됐어."

"인쇄술은 산업 혁명 한참 전에 발명된 거 아닌가요?"

◆ 중세 서양의 성가 악보로 쓰던 기호. 15세기경에 완성됐으며, 근대 악보의 모체가 됐다.

"인쇄술이 발달되었다 하더라도 활자로 찍을 수 없던 악보는 여전히 값비싼 귀중품이었거든."

"그럼 악보를 어떻게 인쇄했어요?"

"책 크기의 동판에 악보를 그리고 새겨서 찍었지. 생각해 봐. 동판에 잉크를 발라 악보를 그리고, 동판을 녹여 새기고……. 그렇게 지난한 작업을 수백 번 반복해야 악보 한 권이 나왔어. 활자를 배열해서 책을 만드는 것에 비하면 훨씬 어렵고 비싼 작업이었지."

"그런데 산업 혁명으로 악보의 대량 인쇄가 가능해졌고, 웬만한 사람들이 구입할 수 있을 정도로 악보가 싸졌다는 걸 말씀하시려는 거예요?"

"그래."

예니의 물음에 아빠가 바로 대답했다.

"아빠의 설명을 들어도 저는 그게 음악의 고전 시대와 어떻게 연결되는지 잘 모르겠어요."

예니는 여전히 이해가 잘 되지 않는 듯 아빠를 바라봤다. 아빠는 그런 예니를 보며 다시 설명을 이어 갔다.

"악보가 싸게 대량으로 출판된다는 건, 일반인에게 악보를 판매하여 돈을 버는 자본가가 등장했다는 뜻이야. 전문 음악가가 아닌 아마추어 음악가들도 악보를 구해 직접 연주할 수 있는 시대가 온 거지."

"아, 음원이 아니라 악보를 판매했다는 거예요?"

"녹음 기술이 없던 시절의 음원 판매라 할 수 있지. 이제 평범한 가

정집에서도 유명 음악가의 작품을 들을 수 있는 기회가 생겼으니까. 단 직접 연주할 수 있다면 말이지. 작곡가 입장에서는 작곡만 하면 가만 앉아서 인세 수입을 올릴 수 있다는 뜻이고. 전처럼 직접 돌아다니며 연주하지 않아도 되니까."

"만약 악보를 수천 부를 찍었는데 안 팔리면요?"

"그게 모든 자본가들의 공통된 고민이지. 악보 출판업자는 악보 동판을 제작하고, 거대한 인쇄기와 종이를 사서 악보를 찍어. 악보가 완성되면 마차나 기차에 실어 유럽 전역으로 내보내 팔고. 이 모든 일을 처리하려면 노동자도 고용해야 해. 근데 이렇게 많은 투자를 하고도 이익을 내지 못한다면 막대한 손해를 입겠지."

"아휴, 그런 짓을 왜 해요?"

"안 팔리면 망하지만, 성공하면 엄청난 돈을 벌게 되니까. 그런 큰 기회를 위해 파산의 위험을 감수하는 모험적인 사람을 슘페터*는 '기업가'라고 했어."

"기업가라……."

"예니야, 네가 당시 출판 자본가라면 장차 대성할 가능성은 있지만 아직은 무명인 작곡가의 작품을 내겠니?"

심각한 표정으로 이야기를 듣고 있는 예니가 고개를 가로저었다.

"아뇨. 제가 출판업자라면 유명한 작곡가의 검증된 작품을 선택

◆ 미국의 경제학자. 한계 효용 학파의 완성자로, 경제 발전의 이론을 비롯하여 경제 순환론, 경제 사회학에 중요한 공헌을 했다.

할 것 같아요. 물론 전도유망한 젊은 작곡가의 작품을 찍을 수도 있겠죠. 아주 저렴하게 계약해서요."

"아주 정확해. 이런 출판업자들이 처음 등장했던 시기는 1830년대 무렵이고. 브람스나 차이콥스키는 태어나기 한참 전이지. 멘델스존, 슈만, 쇼팽, 리스트는 스무 살 언저리의 풋내기였고. 자, 다시 질문할게. 네가 당시 출판업자라면 누구의 작품을 출판할래?"

"아, 이미 검증된 거장들! 하이든이나 모차르트, 베토벤이요."

예니가 주저 없이 대답했다.

"그렇지. 누구라도 그렇게 생각했을 거야. 그때 가장 권위 있는 작곡가가 바로 하이든, 모차르트, 베토벤이었으니까. 그래서 이들의 작품을 '고전'이라 부른 거고, 이들의 작품과 비슷한 스타일의 음악을 '고전적인 음악'이란 뜻으로 클래식이라고 한 거야."

"그런 식으로 이름이 붙여진 거라면 음악 교과서에 나오는 고전주의 음악이란 말은 잘못된 것 같아요."

"어째서?"

아빠가 예니의 반응에 놀라 되물었다.

"보통 '고전주의'라고 할 때는 고전을 추종하고 지향하는, 일종의 흐름을 말하잖아요? 다비드*나 앵그르** 같은 화가를 고전주의파라고 부르는 건 고대 그리스·로마의 조각을 회화로 구현했기 때문이에요. 괴테와 실러를 고전주의라 부르는 것도, 고대 그리스 문학을 18세기 독일에 맞게 재해석했기 때문이고요. 근데 아빠 말대로라면 하이든이나 모차르트, 베토벤은 고전을 지향한 게 아니라 그들이 고전이란 거잖아요. 그렇다면 이들은 그냥 고전이고, 이들을 계승하고 지향하려고 했던 브람스나 프로코피예프***야말로 고전주의 음악가가 되는 거 아닌가요?"

예니가 열변을 통하자 아빠가 크게 흐뭇한 표정을 지어 보였다.

"따지고 들자면 그렇지. 어쨌든 18세기 후반의 음악이 어째서 클래식으로 자리 잡았는지 이젠 알았지?"

"참 대단해요. 결국 악보법에서 출발한 거잖아요? 종이 위에 박자나 음의 고저, 장단, 강약, 연주법, 심지어 뉘앙스나 느낌까지 다 기록하게 되면서요. 근데 이런 정밀한 악보가 왜 서양에서 만들어졌을까요? 17세기라면 유럽보다 중국이 훨씬 더 부유하고, 문화도 발달했을 텐데. 당시 중국이 문화 예술을 억압했던 것도 아니었잖아요? 악기도 꾸준히 개량됐고, 각 지역마다 독특한 오페라도 발전했고요."

"바로 그거야! 내가 하려던 질문인데, 네가 먼저 해 버리는구나."

아빠가 살짝 상기된 모습으로 말하는 것을 보니 이 또한 사회학이랑 연결된 게 분명하다.

'아뿔싸, 일단 도망쳐야겠어.'

예니는 서둘러 도망칠 구멍을 찾았다. 아빠가 맘먹고 사회학 강의

♦ 나폴레옹 궁정 화가. 나폴레옹의 업적을 기념하는 그림을 주로 그렸다.
♦♦ 신고전파의 대표적인 화가. 역사화나 누드화, 초상화에 뛰어났다.
♦♦♦ 러시아의 작곡가. 러시아 혁명을 계기로 미국에 망명했다.

를 시작하면 언제 끝날지 모를 일이다.

"아빠, 음악회를 다녀와서 제가 좀 피곤해요. 중국 이야기는 다음으로 미루면 안 될까요?"

"어이쿠, 시간이 벌써 이렇게 되었네."

아빠가 시계를 보며 껄껄 웃었다.

03

{ 아빠, 클래식은 왜 17세기
이후에서야 발전한 거죠? }

고전이란 오랜 세월이 지나도 여전히 훌륭한 작품으로 인정받아 생명력을 유지하는, 즉 모범이 되는 작품을 말한단다. 그래서 대개 고전은 숱한 시대를 거쳐 온 아주 오래된 것들이지. 이를테면 호메로스의 『일리아드』나 『오디세이』, 플라톤의 『대화편』, 사서삼경이나 사마천의 『사기』 같은 작품들은 이천 년이 넘은 지금까지도 많은 사람에게 사랑받고 있어.

서양에서는 고대 그리스·로마 시대를 '고전 시대'라고 부른단다. 또 이 시대에 저술된 책이나 예술 작품을 현재도 중요한 모범으로 삼고 있지. 철학이나 예술 분야에서 '고전'이라는 말이 붙는다면, 백발백중 그 시대에 나온 걸 거야.

당시에 나온 많은 저작 중 문자로 기록되지 않거나 문서가 파손된 것들을 다시 찾을 수는 없지만, 문서로 남아 있는 것들은 이천 년의 시간을 넘어 고전으로 남았어. 미술 분야에서도 회화는 많이 잃어버렸지만 견고한 소재로 만든 건축이나 조각, 건물 벽에 그려진 벽화는 지금까지도 많은 예술가에게 영감을 주고 있지.

그런데 음악은 사정이 달랐어. 녹음 기술이 없는 한 음악 작품은 보존이 불가능했단다. 악보의 역사는 꽤 오래되었지만, 소리를 시각적인 기호로 기록한다는 점에서 근본적인 한계를 지니고 있으니까. 고대 그리스의 악보는 음의 높낮

이만 겨우 기록할 수 있었고, 중세 때 쓰인 악보 네우마는 음의 높낮이와 강약 정도만 표시할 수 있었지. 따라서 고대나 중세 음악의 악보만 가지고는 실제 그 시대의 음악 작품을 정확히 알 수가 없어. 불완전한 자료일 뿐 작품이라고 볼 수 없고, 당연히 고전이 될 수도 없었단다. 타임머신을 타고 가서 실제로 연주되는 것을 녹음해 오지 않는 한은 말이야.

17세기 들어서야 오늘날과 같은 악보법이 만들어졌어. 음의 높낮이나 강약, 장단, 리듬, 표현 등 연주에 필요한 거의 모든 정보를 기록할 수 있게 되었지. 이때부터는 악보도 음악 작품이라고 부를 수 있을 정도가 된 거야. 실제 연주되는 음악을 보존하여 전달할 수 있게 되었으니까.

그래서 음악에서 고전이라 부를 수 있는 작품은 모두 17세기 이후의 것들을 말해. 그 이전의 작품들이 고전이 될 수 없는 건 작품 수준이 떨어져서가 아니라 실제 어떤 작품이었는지 정확하게 알 수 없어서고.

04

긴장된
첫 만남

안토니오 비발디,
바이올린 협주곡 「화성과 창의에의 시도」
Op. 8-1

비발디가 작곡한 열두 개의 바이올린 협주곡 모음 「화성과 창의에의 시도」의 첫 번째 곡이다. 총 열두 개의 곡으로 이뤄진 이 작품은 첫 네 곡만 떼어 '사계'라고 한다. 이는 네 곡 앞에 봄, 여름, 가을, 겨울에 해당하는 소네트가 적혀 있기 때문이다.(비발디가 실제로 계절을 음악으로 묘사하려고 했는지는 확인할 수 없다.) 첫 번째 곡인 '봄'은 리토르넬로(후렴구)의 정수를 보여 준다.

"아, 자네가 원이로군. 얘기 많이 들었네."

예니가 원이를 소개하자, 아빠가 활짝 웃으며 원이를 맞았다.

"안녕하세요, 선생님. 저도 꼭 뵙고 싶었습니다."

어정쩡하게 고개를 숙이며 원이가 인사했다. 첫 만남에서 원이는 아빠를 '아버님'이 아닌 '선생님'이라고 불렀다. 또 처음 본 아빠에게 '꼭 뵙고 싶었다.'라며 긴장되어 떨리는 목소리로 덧붙였다. 마치 전부터 알고 있었다는 듯이.

사실 원이는 아빠와 식사 약속이 잡힌 뒤로 안절부절못했다. 교육대학에 입학한 뒤로 원이는 아빠가 쓴 책을 하나도 빠짐없이 모두 읽었다. 사회 교육과 학생에게 아빠의 책은 꼭 읽어야 할 필수 교양서였기 때문에 책 프로필 사진으로 아빠를 쭉 봐온 터였다. 아빠를 실제로 본다는 게 원이에게는 아이돌 가수를 만나는 것과 같은 느낌이었나.

원이는 식탁에 앉아 시종일관 너그러운 미소를 머금고 있는 아빠를 빤히 바라보았다. 그러나 아빠의 낮게 깔린 바리톤 음성에 원이는 정신이 번뜩 들었다.

"이제 다들 모였으니, 근대성과 클래식의 관계를 생각해 볼까? 우리 예니가 궁금한 건 못 참으니까."

원이는 눈을 말똥하게 뜨고 아빠를 다시 쳐다봤다.

처음 만난 딸의 남자친구에게 근대성과 클래식의 관계를 생각해 보자니!

어안이 벙벙한 원이와 달리 예니는 드디어 올 것이 왔다는 표정으로 아빠와 원이를 번갈아 바라봤다.

"전에 우리가 이 주제로 이야기하다 중간에 멈췄잖니? 마침 사회 교육을 공부하는 학생도 왔겠다, 이참에 이야기를 마무리 지으면 좋지 않겠어? 음악가인 예니와 사회를 공부하는 원이의 협동 학습으로 말이다."

이어지는 아빠의 말에 원이는 표정 관리를 어떻게 해야 할지 몰랐다. 여자친구의 아빠를 소개받는 것만으로도 얼떨떨했는데, 자신의 전공 분야가 식사 중의 화제로 나올 줄은 생각도 못했다.

"난 재미없거든요."

예니는 입이 피노키오 코만큼이나 불룩 튀어나왔다. 반면 당황스러움이 차차 사라진 원이는 이 상황이 신기하고 흥미로웠다.

"선생님, 그때 멈춘 이야기가 뭔가요?"

"실은 예니가 자네와 음악회에 다녀온 날에 이런 질문을 했다네. '17~18세기에 경제적으로나 문화적으로 유럽보다 앞서 있던 중국에서는 왜 악보를 개발하지 않았을까? 또 어째서 악기의 표준화 같은 변화를 생각하지 못했을까?'라고."

"예니가 한 질문이 막스 베버◆가 『프로테스탄티즘의 윤리와 자본주의의 정신』에서 문제 제기를 한 부분하고 비슷하게 들립니다."

원이가 상기된 목소리로 대답했다.

"그런가?"

"베버도 '유럽에 비해 중국이나 인도의 상업과 기술이 뒤떨어진 게 아닌데, 왜 유럽에서 자본주의가 일어났을까?' 하는 문제를 제기했어요. 예니가 궁금해하는 것과 같은 것 아닙니까?"

여자친구의 아빠 앞이라는 걸 까맣게 잊어버렸는지 원이는 물 만난 물고기 같았다.

"그렇지. 그게 바로 근대화, 근대성의 문제거든."

"아빠! 아까부터 근대화, 근대성이라고 하시는데요. 그게 뭔지 설명해 주셔야 저도 알고 따라가죠."

"하하, 그러고 보니 그렇네. 그럼 이 부분은 자네한테 맡기지. 장차 학생들을 가르쳐야 할 테니까. 근대의 특징이 뭔가? 무엇을 근거로

◆ 독일의 사회학자이자 경제학자. 사회 과학의 방법론을 전개했다.

중세와 근대 혹은 전통 사회의 근대 사회를 구별하지?"

"네엣? 지금 바로 설명하란 말씀이십니까?"

원이가 화들짝 놀라 되묻자 아빠가 빙그레 웃으며 고개를 끄덕였다. 그 모습에 원이도 마음을 가다듬고 헛기침을 하며 자세를 바로 했다. 어쩐지 남자친구로 인정받기 위한 면접시험 같았지만 용기를 내보기로 했다.

"근대성은 17세기부터 19세기 사이에 유럽에서 등장한 특정한 생각과 행동의 방식이라는 뜻을 가지고 있습니다. 그렇다면 당시 서양에서는 어떤 사고방식과 생활 방식이 등장했는가, 하는 문제가 뒤이어 나오는데 그 핵심에 '합리성'이 있습니다."

원이의 말에 예니가 고개를 들고 따지듯 물었다.

"사고방식이나 생활 방식은 그렇다 쳐도 합리성이라니? 점점 더 어려워지는 것 같은데? 쉽게 설명해 줄 순 없을까?"

불퉁해진 예니에게 원이가 싱긋 웃어 보이고는 대답했다.

"합리성이란 모든 현상을 신비롭거나 마법적인 힘을 끌어들이지 않고 설명하는 사고방식이야."

"뭐라고? 그럼 합리적인 사람은 사랑도 못하겠네?"

원이의 답변에 예니가 득달같이 달려들었다.

"'우리 만남은 운명적으로 정해졌어.'라든가 '너와 나 사이에 찌르르한 전기가 통했어.'라든가 '너는 내 영혼을 정화하는 천사야.' 같은 생각은 안 하겠지. 사랑도 두 사람이 확인할 수 있는 사실을 토대로 납득시킬 테니까."

"세상에, 사랑이 때론 믿을 수 없이 신비한 마법의 힘을 발휘하는데도? 오빠 말대로라면 합리적인 사람은 냉정한 것 같아."

두 사람의 대화를 가만히 듣고 있던 아빠가 고개를 끄덕였다.

"'가슴은 뜨겁게, 머리는 차갑게'라는 말이 있잖니? 여기서 말하는 차가운 머리가 바로 합리성이야. 근대성은 차가운 머리로 세상을 이해하고 통제하려는 경향이고. 세상을 이해하기 위해서는 세상을 이루는 기본을 잘게 잘라 단위로 나누고, 각각의 단위를 이해하고, 그 단위들이 맺는 관계로 전체를 설명하려 들거든. 그리고 그건 과학으로 이어졌지. 예니야, 과학을 뜻하는 영단어는 알고 있지?"

아빠의 질문에 예니는 어이가 없다는 듯이 피식 웃으며 대답했다.

"아이 참, 아빠도. '사이언스'잖아요."

"하하, 혹시나 해서 물었지. 여하튼 '사이언스science'의 어원은 '자르다'라는 뜻의 라틴어 '스킨도scindo'에서 유래했어. 그 말인즉슨 근대화란 단순히 과학 기술이 도입되고 공장이 생긴 걸 뜻하는 게 아니란 거야. 사람들의 사고방식이나 생활 방식, 일하는 방식이 체계적이고 설명 가능한 방식으로 바뀐 거지. 밑도 끝도 없는 신뢰 관계보다 날짜와 금액이 정확하게 적힌 계약서를 믿게 됐고, 막연한 장사 비법을 대신하여 정확한 수치를 기록한 회계 장부가 나왔어."

아빠의 이야기를 가만히 듣고 예니가 물었다.

"물론 일은 그렇게 할 수 있지만, 인간관계나 일상생활에서 일어날 수 있는 분쟁은 어떻게 해결하죠?"

"확실하게 기록된 성문법을 토대로 판결을 내렸어. 솔로몬의 지혜니 하는 신비롭고 마법적인 요소를 배제한 거지. 정치도 마찬가지야. 국왕이나 통치자의 도덕성이나 자비심에 호소하지 않았어. 통치자와 시민의 권리와 의무를 조목조목 기록하고 서로 합의하는 계약서를 만들었는데, 그게 바로 헌법이야."

"그럼 헌법은 근대에 들어서야 만들어진 거예요?"

"오늘날과 같은 성문법 체제는 그렇지. 그뿐이 아니야. 과거에는 상당한 수준의 재량권을 가지고 있었던 관리들도 미리 정해진 규정과 절차에 따라 자신이 맡은 일만 수행하는 체제로 바뀌었고, 딱딱하고 차가워 보일진 몰라도 모든 일이 규정과 절차에 따라 처리되니 결과에 대한 예측이 가능해졌어. 이런 일을 담당하는 관리들 역시 인격이나 신분이 아닌 업무 수행 능력에 따라 선발되고 배치됐지."

"그걸 관료제라고 하죠. 과학적 방법론과 성문법, 입헌주의와 회계 장부 그리고 관료제. 이 모든 게 근대성의 중요한 지표이고요."

이번에는 원이가 한마디 거들었다. 아빠는 그런 원이를 흡족한 듯한 얼굴로 쳐다보더니 관료제에 대해 한참을 이야기했다.

"잠깐만요."

두 사람의 대화를 듣다 못한 예니가 끼어들었다.

"우리는 지금 음악 이야기를 하고 있었어요. 사회학 시간이 아니라고요!"

"어이쿠, 너무 샛길로 빠졌구나. 다시 음악으로 돌아가자꾸나. 근대 화가 이뤄지면서 음악에도 많은 영향을 미쳤어. 사실 음악이야말로 신비와 마법의 영역에 속한 것이잖니? 연주자들에게 보내는 최고의 찬사 중에 '신들린 연주를 한다.'라는 말도 있잖아. 플라톤은 시인이니 음악가니 하는 사람들은 뮤즈 여신에게 혼이 팔렸거나 귀신에 홀린 사람들이라고 했는데, 만일 그가 록 콘서트장에 가 본다면 '거봐, 내 말이 틀림없지.'라고 했을 거야. 연주자도 넋이 나간 모습으로 연주하고, 청중들도 제정신이 아닌 것 같잖아?"

"제 눈에는 클래식 음악회도 그와 별반 다르지 않았습니다."

아빠의 말에 고개를 크게 끄덕이는 원이를 예니가 찌릿 째려봤지만 원이는 개의치 않고 말을 이었다.

"연주하는 분들은 좋게 말하면 심취해 있고, 나쁘게 말하면 정신이 좀 나간 것 같았어요. 저 말고 다른 청중들도 가만히 앉아 있는 모습이라 겉으로 드러나지 않았을 뿐, 속마음은 현실을 떠나 저 멀리 다른 세상에 가 있는 것처럼 보였고요."

"그래서 플라톤은 건전한 폴리스 유지를 위해서 시인들을 추방해야 한다고 주장했어. 자네 혹시 그리스 신화에 나오는 오르페우스*를 아나?"

아빠가 원이를 빤히 보며 묻자, 원이는 바짝 긴장하여 고개를 끄

---

* 그리스 신화에 나오는 시인이자 음악가. 하프의 명수였는데, 그의 연주에 맹수와 초목마저 매료됐다고 전해진다.

덕였다.

"당시에는 음악의 신인 오르페우스를 숭상한 교단이 있었어. 음악을 연주하면서 신들린 상태가 되면 평소에는 보고 들을 수 없는 초월적 진리를 깨닫고 계시를 얻을 수 있다고 생각한 거지."

"아……."

"근데 더 재밌는 건 오르페우스 교단 반대편에는 피타고라스*가 있었단 거야. 피타고라스는 음악을 체계적인 숫자로 표시했고, 음정 간의 관계를 정수의 비율로 계산해 냈네. 오늘날 악기 조율의 기반이 되는 이론을 만들었지. 정작 그래 놓고는 음악에는 우주의 법칙이 반영되어 있다는 둥 이 우주는 한 편의 교향곡이라는 둥 설명을 덧붙였어."

"그럼 자신의 증명을 부정하는 거잖아요?"

예니가 놀랐다는 듯이 말했다.

"꼭 그런 건 아니지만……. 어쨌든 음악을 신비롭고 마법적인 영역으로 보는 흔적은 아직도 많이 남아 있어. 완전히 근대화된 영역이 아니었으니까. 그래, 이건 예니가 잘 알 거야. 첼로 레슨 받을 때 선생님께서 하신 말씀을 잘 생각해 봐. 그중 근대성에 해당되는 것과 전근대성에 해당되는 게 섞여 있을 테니까."

"정말요? 아무래도 잘 모르겠어요."

◆ 고대 그리스의 철학자이사 수학자. 수를 만물의 근원이라 생각했고, '피타고라스의 정리'를 발견하여 과학적 사고를 구축했다.

"그럼 이렇게 해 보는 건 어떻겠니? 예니가 선생님 말씀을 떠올리면 그때마다 원이 자네가 근대인지 전근대인지 구분하는 거야."

곤란해하는 예니를 도우려는 듯 아빠가 원이에게 제안했고, 원이는 얼결에 고개를 끄덕이며 대답했다.

"네, 해 보겠습니다."

원이의 대답에 예니가 기다렸다는 듯이 첼로 선생님에게 들은 말들을 쭉 나열했다.

"자, 이 부분은 악보에 의존하지 말고 바흐가 하느님의 영광을 어떻게 느꼈는지 생각해 봐. 그 느낌이 잘 드러나게. 아니, 그렇게 말고 느낌을 좀 더 살려 봐. 다시!"

"음, 전근대?"

원이가 주저주저하며 대답했다.

"다음! 여기 네 마디는 이 곡의 주제가 되는 동기니까 잘 기억해 두고, 여기서부터 여기까지는 화성을 자리바꿈하면서 주제를 변형한 부분이야. 다시 이 변형된 주제를 딸림조로 조 옮김을 하고……."

가뜩이나 긴장된 자리인데, 속사포처럼 쏟아지는 예니의 말을 듣고 있으려니 원이는 머리에서 쥐가 날 것 같았다. 그래서 중간에 말을 끊고 소리쳤다.

"근대! 근대!"

이런 원이의 상태를 아는지 모르는지 예니가 쉼 없이 레슨 내용을 쏟아 냈다.

"소리가 좀 거칠어요. 억지로 내는 소리 말고, 악기랑 대화해 가면서 연주해 보세요. "

"전근대."

"확실히 선생님께서 지시한 대부분이 근대적인 것 같아요. 우선 악곡을 동기 단위로 잘라서 연습하고, 각 동기와 동기의 관계로 작품을 이해하고, 악보에 손가락 번호랑 활 동작 번호 같은 것을 적어 가면서 연습하니까요."

근대와 전근대 퀴즈 시간이 끝나고 평상심을 되찾은 예니가 말했다.

"그렇지. 근대화를 거치는 동안 음악이 가장 크게 변했을지도 몰라. 체계적으로 연습하면 누구나 재연 가능한 것으로 바꾸어 놓았으니까. 악보법이 나온 뒤에는 음악이 우주의 신비가 아니라 소리와 소리의 관계이며, 이 관계를 악보에 정확하게 기록하면 언제든지 재연할 수 있게 되었어. 특별한 재능이 없어도 그 법칙을 배우고 연습해서 익히면 누구라도 만들어 낼 수 있으니까."

"솔직히 맛나는 이야기는 아니네요."

예니가 시무룩하게 말하자 옆에 앉아 있던 원이가 불쑥 한마디를 던졌다.

"예니야, 지금 말한 '맛나는 이야기'라는 표현도 전근대적이야."

"오빠! 이제 그만해. 전근대, 근대 구분은 이제 끝났어!"

눈치 없이 굴던 원이에게 예니가 핀잔을 주자 아빠가 크게 웃음을 터트렸다.

"허허, 원이 자네는 듣던 대로 성실한 청년이군. 자, 이제 그럼 이 맛있는 음식에 집중해 볼까?"

식사를 마치고 세 사람이 거실로 나왔다. 원이가 거실 한 켠에 놓인 바둑판을 보며 무언가 떠올랐다는 듯이 아빠를 바라봤다.

"선생님, 그러고 보니 바둑에서도 근대화가 이루어진 것 같습니다."

"오, 바둑을 둘 줄 아나?"

"볼 줄만 압니다. 1980년대까지만 해도 바둑의 주류는 '모양'이나 '형세'를 중요시하는 일본식 바둑이었잖습니까? 어떤 돌을 두고 나서 정확한 수 계산을 하기보다는 '이 수는 뭔가 맛이 좋지 않다.' 하는 식의 모호한 설명들을 덧붙였고요. 그런데 얼마 전에 철저한 계산에 따라 수를 두는 알파고가 '맛'과 '형세'를 느끼는 인간 고수들을 연달아 격파했어요. 바둑을 철저하게 합리화한 거예요."

"바둑의 멋이 떨어진 건 사실이지. 나도 참, 바둑의 멋이라니. 근대적이지 못한 표현이군, 하하."

아빠가 멋쩍은 듯이 웃고 있는데 때마침 차를 내오던 예니가 다가와 물었다.

"그런데 아빠, 전 여지껏 근대성이란 시간의 흐름에서 자연스레 나타난 현상이라고 생각했어요. 중세가 오래됐으니 근대로 넘어갔다, 하는 식으로요. 그래서 우리나라는 근대화가 시작될 무렵 일본의 침략을 받아 그 과정이 왜곡된 거라고 이해했고요."

"사회 시간에 배웠구나. 이게 말이다, 학자마다 생각이 다른데……. 원이 군, 카를 마르크스◆라면 이걸 어떻게 설명했을까?"

예니가 내온 뜨거운 차를 입에 대던 원이가 깜짝 놀라 혀를 데이고 말았다. 하지만 아무 일도 없었다는 듯이 허리를 꼿꼿하게 세우고는 아빠의 질문에 술술 대답했다.

"둥글판써레◆◆와 삼포식 농업, 가축을 이용한 경작으로 생산력이 증가하고, 이에 따라 발생한 잉여 생산물의 거래에서 비롯된 상업과 도시의 발달 등으로 설명하겠죠. 결국 자본주의적 생산 방식이 사회의 기본이 되면서 여기에 가장 적합한 사고방식이 삶의 방식으로 자리 잡았을 거고요. 음악 역시 언제든지 재연할 수 있도록 악보에 기록함으로써 돈으로 사고팔기 적합한 상품의 형태로 바뀌었을 거라고 말했을 거예요. 물론 오늘날에는 악보가 아니라 연주가 녹음된 음원의 형태로 거래되지만요."

"으흠……. 베버라면 어떻게 설명했을까? 근대적 악보법에 대해서 말이지."

"종교 개혁과 과학 혁명이 일어나 합리적 사고방식이 확산됐어요. 사회 전반에 깔려 있던 샤머니즘이 사라지면서 음악에도 신비적이

◆ 독일의 경제학자이자 정치학자. 독일 관념론, 공상적 사회주의나 고전 경제학을 비판하여 과학적 사회주의를 창시했다.

◆◆ 써레의 하나로 쇠로 만든 둥근 판이 여러 개 달렸는데, 그것들이 돌면서 흙을 부순다.

고 마법적인 요소를 덜어 내기 시작했고요. 또 음과 음의 합리적인 관계로 음악을 설명해야 하는데, 이를 위해서는 그것을 정확하게 기록할 수 있는 도구가 필요했고, 그래서 악보법이 나왔다고 설명할 것 같습니다."

"잠깐만요."

예니가 두 사람의 대화에 끼어들었다.

"전 이 둘을 따로 생각하는 것 자체가 이해가 안 돼요. '합리적'이란 '정확하고 현실적'이란 뜻이잖아요, 그렇다면 상공업 발달과 합리적 사고는 서로 연결된 것 아닌가요? 상공업이 발달하고 도시가 형성되면 합리적으로 생각하고 행동해야 해요. 합리적으로 생각하지 않으면 상거래가 발달하기 힘들 테니까요. 하지만 반대로 상거래가 발달하지 않은 상황에선 합리적으로 생각하고 사는 게 쉽지 않을 거예요. 인정머리 없이 굴다 왕따가 되기 십상이죠."

"맞아, 사실 이 둘은 닭과 달걀의 관계라고 할 수 있지. 어쨌든 합리적인 사고방식이 널리 확산됐다 치자. 그럼 이게 정치적 문제로 번질 수도 있어."

아빠가 크게 한숨을 쉬면서 말했다.

"선생님, 왕권신수설을 말씀하시려는 건가요? 인간 세상 밖의 신비롭고 성스러운 힘으로 정치권력을 정당화할 수 없게 되니까요. 네가 왜 왕인지, 왜 우리가 너에게 복종해야 하는지를 신이나 초자연적인 힘 빼고 설명해 보라면 난감하잖아요. 사람들이 어떤 권력자나 기구에 복종해야 하는 이유를 합리적으로 설명할 수 있는 유일한 방법은 그렇게 하기로 합의했다는 것뿐인데, 그걸 받아들이는 순간 왕정은 정당성을 잃게 되니까요. 그날로 당장 선거를 해야 하고요."

"정교한 악보 역시 이런 근대적 사고방식이 등장하기 전에는 필요가 없었네. 왕실 귀족이나 지위가 높은 음악가는 악보가 보편화되는 것을 좋아하지 않았으니까. 당시 음악은 궁정 음악과 교회 음악이 주를 이뤘는데, 그 목적이 분명했거든. 웅장하고 위엄 있는 궁정 음악에는 왕의 권력에 함부로 대항할 수 없게끔 만드는 어떠한 힘이 있었고, 듣는 것만으로도 공포과 두려움, 존경심 같은 것을 느낄 수 있었으니까. 교회 음악도 마찬가지야. 신자들로 하여금 교회를 향한 경건한 마음과 신의 은총을 느끼는 도구로써 사용했지. 이렇게 명확한 목적성이 있는 궁정이나 교회에서는 신의 영감에서 따온 것 같은 신비함과 장엄함이 필요했네. 어떤 작곡 기법이나 법칙이 있어선 안 됐지. 그래서 상당수의 교회나 교단에서는 음악의 악보를 만들지 않고, 오직 허락받은 연주자와 가수 들을 통해서만 전승했지. 악보에 기록하면 '근대화'가 돼 버리고, 신비하고 신성한 후광과 함께 자신들의 권력 또한 무너지게 될 테니까."

"아빠 이야기를 듣고 보니 「세상의 모든 아침」이라는 영화가 생각나네요."

예니가 반가운 친구를 만난 듯한 목소리로 말했다.

"그 영화에서도 스승과 제자가 이 문제로 크게 다퉜어요. 스승은 작품을 악보로 남기지 않았고, 작곡이나 연주 기법을 정리하여 남기는 걸 매우 싫어하죠. 그런 일을 하면서 명성을 얻은 제자를 인정하지 않았고요."

"그 제자야말로 근대의 정신을 대변한다고 할 수 있지."

아빠가 빙그레 웃으며 말했다.

"전에 이런 얘기도 들었어요. 교회에서 죽은 사람을 위해 부르는 「미제레레Miserere」는 외부 유출을 못하게 했던 곡이래요. 그래서 악보를 열람할 수 없었는데, 모차르트가 그 음악을 한 번 듣고 악보에 옮겨 버리는 바람에 세상에 알려졌다고……."

"그게 가능해? 모차르트를 우상화하려는 일화는 꽤 많이 알려졌잖아?"

원이가 의심스러운 얼굴로 묻자 아빠가 원이를 타이르는 듯한 따뜻한 목소리로 말했다.

"얼마든지 가능한 이야기네. 볼프강 아마데우스 모차르트의 아버지인 레오폴드 모차르트는 계몽주의자였고, 음악 교과서*까지 쓴 근대 음악의 선구자였네. 그런 아버지 밑에서 자랐으니 음악을 분석하고 추론하는 데 익숙했을 거야. 물론 귀에 들리는 소리 하나하나를 다 기억하는 건 불가능했을지 몰라. 그래도 그걸 분석하고 추론해 가면서 들었다면 아주 긴 곡이라도 기본 주제가 되는 악절, 그러니까

❖ 우리나라에서는 『레오폴트 모차르트의 바이올린 연주법』(예솔, 2010)으로 출간됐다.

한 여덟 마디쯤을 기억하고, 그다음부터는 그 기법과 법칙이 어떻게 변형되고 발전되는지 떠올렸겠지. 음표 하나하나를 기억하는 게 아니니까. 그 정도는 모차르트가 아니라도 음악 전공자라면 누구나 할 수 있을 걸세. 당시에는 그런 사고방식이 보편화되지 않아서 신기한 일로 보였겠지만."

"정말요? 예니야, 너도 그게 가능해?"

"복잡한 곡들은 어렵지만 요즘 나온 유행가 같은 건 쉬워. 동기 두어 개쯤 기억하고 화성 진행 방식만 파악하면 되니까. 그래 봐야 오 분 내외 곡인데 한 번 듣고 악보에 옮기는 건 일도 아니야."

"제가 음악에는 문외한이지만……."

원이가 은총을 받은 카톨릭 신자같이 황홀한 표정으로 두 사람을 번갈아 보며 말했다.

"이제야 근대와 클래식의 관계를 이해할 수 있을 것 같습니다. 그 어떤 신비로운 음악이라도 특별한 신의 계시나 영감으로 만들어진 게 아니라 체계적이고 적확한 작곡 기법의 결과라는 걸요. 자연의 오묘함을 간결한 기호의 조합인 수학 공식으로 그려 내는 것처럼 음악도 악보로 기록한다는 근대의 정신을요."

"아주 훌륭한 정리야. 그럼 다음 결과가 무엇일지도 예상할 수 있겠나?"

"기호를 이용하여 음악을 체계적으로 기록할 수 있게 되었다는 것! 그리고 과거에는 어떤 비법으로 여겨지던 것들이 체계적인 작곡 기법으로 정리되어 그걸 배우고 익히면 누구라도 작품을 쓸 수 있게 됐습니다. 음악가들로서는 굉장히 큰 변화와 도전이었을 갑습니다. 마치 카메라가 발명된 이후의 화가들처럼."

"그거 흥미로운걸? 어째서 그렇지?"

아빠가 원이의 말에 맞장구를 치자, 원이는 신이 나서 자신의 생각을 거침없이 말했다.

"과거에는 음악을 익히려면 명인을 찾아가 익숙해질 때까지 듣고 연습해야 했을 겁니다. 그래서 문화적으로 뒤떨어진 중북부 유럽이나 동유럽에서는 이탈리아까지 가야 했을 거고, 자국으로 돌아와 이탈리아에서 명인에게 배운 기법으로 곡을 쓰고 연주하면서 대접을 받았겠죠. 하지만 체계적인 악보가 보급되면서 작곡 기법과 연주 기법이 정리됐으니 적절한 레슨을 받으면 누구라도 작곡을 하고 연주할 수 있게 됐어요. 그들은 명인의 기법에 따라 곡을 만들고 연주하는 것 이상의 뭔가를 보여 줘야 했던 거예요."

"바로 그거야. 그래서 17세기에 들어 '천재 음악가'들이 대거 등장한 걸세. 악보라는 도구가 생겨서 과거에는 비법으로 숨겨 왔던 것들을 능숙하게 활용하는 사람들이 늘어났지. 이제 훌륭한 음악가란 명성을 얻으려면 기법 이상의 것, 자신의 예술적 심상과 사상까지 표현할 수 있느냐가 관건이 됐지. 물론 기법을 얼마나 더 복잡하게 발전시키고 응용하느냐도 중요했고."

"아……."

"그 전에는 작곡이나 연주 기법이 감춰져서 서로 영향을 줄 수 없었지만, 악보를 통해 널리 알려진 기법들이 서로 섞이고 변형됐지. 그렇게 여러 지역에서 발달한 각종 기교들이 모여 일정한 곡의 형식이 만들어졌고. 이 형식은 악보를 통해 전 유럽으로 널리 퍼져 거의 모든 지역에서 비슷비슷한 형식의 곡들이 만들어졌는데, 17세기에 유행했던 리토르넬로라는 형식은……."

"잠깐만요."

예니가 아빠의 말을 끊었다.

"그렇게 설명하면 오빠가 어떻게 이해해요. 직접 들려주고 나서 마저 이야기해요."

"오, 그래. 네 말이 맞구나. 그럼 전 국민이 다 알 만한 음악을 들어볼까?"

아빠가 테이블에 놓여 있던 휴대전화를 손에 들었다. 그러고는 플레이리스트에서 원하는 음악을 찾아 와이파이 스피커에 연결한 뒤 재생 버튼을 눌렀다.

"이건 저도 잘 아는 음악입니다. 사실 제 휴대전화 통화음도 이거예요. 물론 저뿐 아니라 많은 분들이 그렇긴 하지만."

원이가 멋쩍게 웃었다. 스피커에서 흘러나온 음악은 정말 전 국민이 다 아는 비발디의 「사계」 중 '봄'이었다.

"여러 악기들이 연주하는 이 멜로디를 기억하면서 계속 들어 보게."

"이번에는 바이올린 소리가 귀를 간질이는 것 같네요. 아, 다시 통화음 멜로디로 돌아왔어요."

"그게 바로 '리토르넬로ritornello'야. 이탈리아어로 '돌아오다'라는 뜻이지. 주제가 되는 멜로디가 나오고 에피소드 격인 장식적인 부분이 나왔다가 다시 주제로 돌아오기를 반복하는데, 이걸 리토르넬로라고 부른다네. 즉 리토르넬로를 알고 화성법이나 대위법 같은 작곡 기법을 공부했다면 누구라도 만들어 낼 수 있는 거지. 물론 작곡가만의 특별함을 보여 주지 못한다면 성공하기 어려울 거야. 독창성을 강조하려다 청중들이 익숙해진 형식에서 벗어나 버리면 외면당할 거고. 그러니 청중들이 익숙해진 형식과 기법을 지키면서 '다른 작품들과 어떻게 차별된 작품을 보여 줄 것인가?' 하는 고난도의 줄타기가 시작되었네. 자네라면 무엇을 택하겠나? 자신의 개성을 드러내는 것과 남과 같은 방식으로 가되 개성을 드러내는 것 중에서?"

"어려운 선택이네요."

"내 생각엔 두 번째가 훨씬 어려울 것 같네. 시간과 공간의 한계를 넘어 지금까지 전해져 오는 유명한 클래식은 대체로 이걸 해 낸 사람들의 작품이지. 어떡하면 이 어려운 일을 할 수 있을까? 이를테면 리토르넬로라면?"

"제가 음악은 잘 모르지만, 계속 반복되는 것을 'A'라고 하면 A가 반복될 때마다 계속 변주를 주겠습니다. 곡이 영 달라지면 어수선해지고 원래 A였는지 모르게 될 테니 원래의 주제 부분과 연관성을 놓치지 않으면서도 '어, 이게 이렇게 바뀌었네? 재미있다.' 하고 느껴질 정도로만요. 그리고 마지막 A부분을 처음 시작할 때와 비슷하게 돌아와 마무리하고 끝."

원이가 짐짓 의기양양하게 말했다.

"그렇지. 그런데 말처럼 쉬운 일은 아니야. 그 구체적인 변형을 얼마나 잘하느냐에 따라 작곡가의 성공과 실패가 갈렸으니까. 그런데 17세기 즈음에는 음정들의 어울림과 화성의 느낌까지 정리할 수 있게 되었다네. 그러니 첫 음을 딱 누르면 다음에 나와야 할 음이 무엇인지, 그 음과 함께 연주될 음들이 무엇인지도 어느 정도 정해졌어. 그 화음들이 어떻게 진행될지는 물론이고. 참고로 대위법이란 서로 다른 가수, 연주자 들이 함께 연주할 때 서로의 멜로디를 정하는 법칙이네. 그러니 화성법과 대위법을 알고 리토르넬로니 소나타니 하는 곡 구성 형식만 익히면 신의 계시니 신들린 영감이니 하는 것 없이도 작품을 뚝딱 만들어 낼 수 있네. 합리적으로 이뤄진 음들의 완벽한 조화, 이게 근대 음악이지."

"아, 멋없어."

아빠의 설명에 예니가 불퉁하게 말했다.

"아빠 말대로라면 창작을 하는 게 아니라 꼭 레고 블록을 조립하는 것 같잖아요."

"아주 적절한 비유야. 실제로 근대 들어서는 음악을 만드는 일이 신성한 영감이 떠올라야 할 수 있는 일이 아니라 일종의 공방 작업처럼 되었거든. 음악뿐 아니라 미술도 마찬가지였지. 서양 근대 사상의 출발점이 바로 데카르트*의 기계론적 우주관이니까. 데카르트는 이 세상의 모든 존재는 일정한 부피와 수량이라는 속성을 가지고 있는 물체들의 집합이며, 세상의 모든 현상을 이 물체들의 위치와 운동을 가지고 수학적으로 설명할 수 있다고 봤어. 세상 모든 현상이 어떤 물체와 물체 사이의 함수 관계다, 이러한 전제로 생각해 보면 음악이 란 가장 기본적인 소리 단위들 간의 함수 관계가 아니겠니?"

막힘없이 설명하는 아빠의 모습을 원이가 존경 어린 눈으로 바라 봤다. 아빠는 잠시 말을 멈추고 차를 한 모금 마신 뒤 다시 이야기를 이어 갔다.

"악곡의 가장 작은 단위인 동기부터 화성, 리듬의 조합 방식에 따라 다양한 장르가 만들어지는 게 음악이니까 레고 조각과 다를 바 없어. 뉴턴은 온 우주를 가장 단순한 물체들의 운동으로 설명했는데 하물며 지구상의 음악이야 더 말할 것도 없지. 이런 근대적 사고방식이 아니었다면 바흐의 평균율이나 체르니의 연습곡 같은 건 나오지 않았을 거고, 조립식 음악 공작법이 아니었다면 클래식이라 불리는 것들이 나오지 않았을 거야."

"갈수록 재미없어지네요. 물론 덕분에 제가 음악을 체계적으로 쉽게 배울 수 있게 된 건 인정해요. 연주에서 기본이 되는 동작들을

◆ 프랑스의 철학가. 근대 철학의 아버지라 불린다. '나는 생각한다, 고로 나는 존재한다.'라는 명제를 자신의 철학적 기초로 삼았다.

몇 개로 잘게 나누고, 그 작은 동작들을 하나하나 완벽하게 익힐 때까지 연습하니까요. 하지만 그런 연습을 하면서 연주를 하고 있다는 생각은 전혀 안 해요. 첼로와 더 가까워지기 위한 훈련을 한다고 생각하죠."

"어떤 사람들은 근대성을 답답한 억압으로 받아들이기도 해. 하지만 당시에는 이 억압 덕분에 인류가 무지와 편견 그리고 미신으로부터 해방됐다고 생각했어."

"계몽사상입니다, 그게 바로."

원이가 슬쩍 두 사람에 대화에 끼어들었다.

"나도 그쯤은 알아! 로크, 디드로, 콩도르세, 볼테르, 루소. 아, 프랑스 혁명이랑 앙시앵 레짐♦."

질 수 없다는 듯이 예니가 계몽사상과 관련되는 인명과 개념 들을 줄줄 읊었다. 중학교 때 배운 게 아직도 기억나는 걸 보면 주입식 교육을 마냥 무시할 수만은 없을 것 같다.

"잘 알고 있구나. 이 중 루소를 계몽사상에 포함시키기는 어려울 것 같지만."

"교과서에서는 루소도 있었던 것 같은데……."

예니가 고개를 갸우뚱하자 아빠가 빙그레 웃으며 다시 입을 뗐다.

♦ 1789년의 프랑스 혁명 때에 타도의 대상이 된 정치·경제·사회의 구체제. 16세기 초부터 시작된 절대 왕정 시대의 체제를 가리키나 넓은 의미로는 근대 사회 성립 이전의 사회나 제도를 가리키기도 한다.

"그럼 교과서에는 나오지 않지만, 알아 두면 더 좋을 이야기를 해 주마. 계몽사상의 가장 대표적인 학자들은 프랑스어로 '필로소페 philosophie'라고 자처하던 살롱의 철학자들인데, 이들이 모여서 만든 거대한 책이 바로 『백과전서』야. 몽테스키외◆, 돌바크◆◆, 볼테르◆◆◆ 등이 주도했던……."

"선생님, 『백과전서』를 만든 게 역사적으로 그렇게나 중요한 일인 가요?"

아빠가 이야기하는 중간에 원이가 끼어들었다.

"당연히 중요하지. 교회의 힘이 막강했던 시절에 세상의 모든 지식을 성경 말씀이 아니라 인간의 학문으로 설명하겠다고 나선 거니까. 그래서 그들은 자신들이 하는 일을 세상에 어두운 구석 없이 모두 훤하게 밝히겠다는 뜻의 '계몽enlightment'이라고 했네. 『백과전서』를 편찬했다는 것은 이 세상의 모든 영역에 이성의 빛을 쪼여 가려진 구석을 하나도 남겨 두지 않겠다는 그들의 야심찬 시도이자 정신이고."

"하지만 이성으로 설명되지 않는 부분들도 있잖아요? 심지어 21세 기에도요."

원이가 의문을 제기했다.

◆ 프랑스의 계몽사상가. 저서인 『법의 정신』에서 삼권 분립을 주장, 미국 헌법과 프랑스 혁명에 영향을 주었다.
◆◆ 프랑스의 철학자. 대표적인 유물론자의 한 사람으로 무신론적 유물론을 전개했다.
◆◆◆ 프랑스의 계몽사상가. 신앙과 언론의 자유를 추구하는 합리주의적 계몽사상가로 활약했다.

"물론 그렇지만 17~18세기 사람들 입장에서 생각해 보자고. 뉴턴의 물리학이 등장했을 때, 당시의 충격과 놀람을 어떻게 설명하겠나? 저 멀리 까마득히 보이지도 않는 곳에 있는 별들의 운동마저 정확하게 예측할 수 있는 이성의 힘으로 설명하지 못할 게 있었을까? 이들은 이성의 힘으로 설명하지 못하는 신비의 영역은 미신으로 치부했네. 지금 우리가 이야기하고 있는 『백과전서』도 원제목은 『백과전서 혹은 과학과 예술, 기술에 관한 체계적인 사전Encyclopédie, ou dictionnaire raisonné des sciences, des arts et des métiers』이야. 이 제목을 듣고 자네는 어떤 생각이 드나?"

"글쎄요."

원이가 대답을 못하고 주저하자 아빠가 빙그레 웃었다.

"그들은 자신들의 생각과 사상을 제목에서부터 고스란히 드러내고 있네. 그냥 사전이 아니라 '체계적인 사전'이라고 강조한 걸 봐. 그들은 이 책을 통해 세상 전반을 이성의 힘으로 체계적으로 설명하고, 설명하지 못하는 것은 미신에 불과하다고 한 거야."

"왜 그렇게까지 체계적인 설명에 연연한 건가요? 그게 앙시앵 레짐을 타파한 혁명하고 무슨 관계가 있다고요?"

"이 세상에 신비의 영역이 없다는 걸 밝히면 그동안 그것을 근거로 정당화한 것들을 모두 몰아낼 수 있으니까. 왕권신수설까지 말이야. 이들은 혈통이라는 정의하에 움켜쥔 권력과 그 권력으로 만들어진 제도를 앙시앵 레짐이라고 했어. 이성으로 그 정당성을 설명할 길이 없는 미신 같은 거라면서. 앙시앵 레짐이 곱게 번역하면 '구제도'이지만 실제로는 낡은 제도, 고물딱지 제도란 뜻이거든. 아, 우리가 음악 얘기를 하고 있던 중이었지?"

아빠가 어색한 미소를 지으며 예니를 바라보자 예니가 샐쭉한 표정을 지으며 말했다.

"맞아요. 아빠랑 얘기하다 보면 쥐도 새도 모르게 사회 시간으로 바뀐다니까. 『백과전서』랑 계몽주의랑 클래식이 무슨 상관이 있죠? 지금 이 셋의 상관관계를 밝히지 못하면, 아빠가 지금까지 말씀하신 게 전부 미신이 돼 버려요."

"잘 설명해야겠는걸? 『백과전서』에는 음악도 상당히 많은 분량을 차지하고 있어. 이 음악 항목을 집필한 사람은 네가 잘 아는 장 자크 루소*이고."

"루소가 음악에 대해 뭐라고 썼나요? 궁금하네?"

"루소는 음악이 언어보다 더 먼저 나타난 인간의 가장 자연스럽고 원초적인 의사소통 수단이라고 주장했어. 태초의 모든 언어는 노래, 정확히 말하자면 '레시터티브**'라면서. 그래서 적절히 리드미컬하게 말하면 저절로 노래가 되는 이탈리아어와 이탈리아 음악을 자연스러운 말과 음악으로 높이 평가했지. 반면 온갖 예절과 격식, 어

◆ 프랑스의 사상가. 이성보다 감성을 중요시하는 낭만주의의 기초를 마련했으며 인위적인 문명사회의 타락을 비판하고 자연으로 돌아갈 것을 역설했다.
◆◆ 오페라나 종교극 따위에서 대사를 말하듯이 노래하는 형식.

려운 문법에 관용어를 마구잡이로 붙여서 말하기 까다로운 프랑스어와 갖가지 양식이나 형식을 번잡하게 지켜야 하는 프랑스 음악을 타락한 것이라고 비판했고."

"음악도 앙시앵 레짐이었군요, 그들 눈에는."

원이가 이야기를 끝맺으려는 투로 말을 꺼냈지만, 아빠는 되레 신이 나서 이야기를 쏟아냈다.

"루소가 보기에 프랑스 음악은 왕실이나 제후의 궁정을 더욱 장엄하고 위엄 있게 보이는 용도로 사용되고, 신자들의 신심을 높이는 도구로만 쓰였던 거야. 반면에 절대 왕정이 발달하지 않았던 이탈리아에서는 사람들이 자신들의 솔직한 감정과 기쁨을 표현하고 즐기는 음악 본연의 모습으로 발달한 거고. 루소는 자신의 이러한 생각을 실천에 옮기기도 했어. 잘 알려지진 않았지만 루소가 원래는 음악가였거든. 루소는 음악을 신비의 영역에서 끌어내리고 이성의 빛을 비추려고 했어. 신비롭고 거룩하고 장엄하다고 여겨 왔던 교회와 왕실의 음악이 사실은 인간의 자연스러운 본성에 어긋나는 온갖 요소들을 억지로 비틀고 끼워 넣어서 사람을 기만하는 것임을 밝히려고 했고."

아빠의 이야기가 점점 길어지자, 원이가 무심결에 손목시계를 내려다보았다. 그 모습에 예니가 아빠 팔꿈치를 살짝 잡아당겨 눈치를 주었다. 시간은 어느새 밤 10시를 향해 달려가고 있었다.

"이런, 시간이 벌써 이렇게 됐네. 난 이만 피곤해서 들어가 봐야겠

어. 잠자리에 들 시간이 얼마 안 남았거든. 자네는 어떻게, 집에 잘 갈

수 있겠나?"

"물론이죠."

아빠, 근대와 전근대로 구분 짓는 특별한 이유가 있나요?

우리는 '근대'라는 말을 무척 많이 써. 이를테면 개발 도상국의 독재자들은 '조국 근대화'를 외치고, 비판 이론가들은 '근대성'의 억압을 비판하면서 탈근대를 외치지. 그렇다면 '근대'란 대체 무엇일까?

분명한 건 시기상의 구분이 아니란 거야. 유럽에서는 16~17세기부터 근대화가 진행되었지만, 우리나라는 20세기에 들어서야 근대화가 진행되었으니까.

마르크스는 자본주의와 산업 혁명의 시대를 근대로 봤어. 전통과 종교, 권위가 무너지고, 모든 것이 돈으로 사고팔 수 있는 상품으로 바뀐 시대라는 거지. 돈으로 사고팔 수 있으려면 숫자로 표시해야 하니까.

돈은 가치를 숫자로 표시한 거고, 세상의 모든 가치는 돈이라는 하나의 척도로 계산하여 서로 비교할 수 있게 된 거야. 쉽게 설명하면 무명 피아니스트의 연주와 거장 피아니스트의 연주는 그들의 개런티가 얼마인지로 비교할 수 있지.

베버는 근대화를 '합리화'의 과정으로 보았단다. 전근대 사회에서는 종교나 전통과 같이 모호하고 신비로운 영역이 많았어. 근대 사회에서는 이런 영역이 과학의 연구 대상이 되어 합리적으로 설명됐지. 일단 합리적으로 설명된 것들은 더 이상 모호하거나 신비롭지 않았고, 이런 것들을 근거로 유지되던 권력과 권위는 모두 무너지고 말았어. 종교와 전통의 권위가 무너지고, 합리적인 근거가 없이는 그 정당함을 논하기 어려워지면서 근대가 시작됐다는 거야. 그러니 시대에 상관없이 세상의 모든 것이 합리적 설명으로 정당해진다면 근대고, 21세기라 하더라도 합리적으로 설명하기 어려운 전통이나 관행이 지배하고 있다면 전근대란 말씀!

허영과 낭비
사이에서

요하네스 브람스,
첼로 소나타 2번
F장조 Op. 99

브람스가 쉰세 살이 되던 해에 스위스
에서 휴가를 보내는 동안 완성한 작품
으로 노련한 원숙미가 여지없이 드러
난다. 특히 대자연의 아름다움을 첼로
와 피아노만으로 표현했는데, 높은 기
품과 완벽한 수법은 여타 첼로 소나타
에 비할 수 없다. 이 곡은 낭만주의 시
대를 대표하는 기악곡으로 총 네 개의
악장으로 이루어졌다.

뒷자리에서 소곤대는 소리에 예니는 도무지 음악에 집중할 수 없었다. 그뿐이 아니었다. 쿡쿡거리며 웃는 소리, 쪽쪽거리며 사탕을 빠는 소리, 비닐봉지에서 뭔가를 꺼내는 바스락 소리가 여기저기에서 들려왔다. 예니는 저도 모르게 눈을 찡그리며 주위를 둘러봤다.

　브람스의 「첼로 소나타 2번」은 명상에 가까울 정도로 고요하고, 깊은 정신세계를 요구한다. 전부터 이 곡을 연습해 왔지만, 예니는 그 심오한 세계를 전부 이해할 수가 없어 애를 먹었다. 그런 때에 미샤 마이스키◆의 내한 소식을 듣고는 얼마나 기뻤는지, 곧장 예매창을 열었다.

　'얼마나 손꼽아 기다렸던 공연인데.'

◆ 라트비아 출신의 첼리스트. 첼리스트 장한나의 스승으로 잘 알려졌다.

예니는 공연장 여기저기서 들려오는 소음에 연주를 감상할 수가 없었다. 또 가장 중요한 소절은 놓치고 말았다.

'아, 제일 중요한 걸 못 들었잖아!'

연주가 끝나고 몇 번의 커튼콜과 간단한 앙코르 연주를 마친 마이스키가 무대 뒤로 영영 사라졌다. 객석 분위기가 엉망이었던 탓에 연주를 마친 마이스키 표정도 썩 좋지 않았다.

"야, 너희!"

객석불이 켜지자마자 화가 머리끝까지 난 예니가 자리에서 벌떡 일어나 뒷자리를 노려보았다. 뒷자리에는 중학교 1학년 정도 돼 보이는 남자아이들이 앉아 있었는데, 그중에 한 아이가 막대사탕을 물고 있었다.

"음악회에서 시끄럽게 떠들면 어떡해?"

"네? 우린 아주 조용히 말했는데요."

"뭐? 조용히 말했다고? 음악회에서 누가 말해도 된대! 그리고 너, 막대사탕 같은 건 밖에서 먹고 들어와야지. 당장 입에서 못 빼니!"

예니의 목소리가 얼마나 무섭고 단호했는지, 막대사탕을 물고 있던 아이가 사탕을 바닥에 툭 떨어뜨렸다.

그래도 화가 풀리지 않아서 예니는 아이들을 다시 한 번 쏘아봤다. 아이들은 예니의 기에 눌려 눈만 끔뻑거렸다. 예니가 휙 소리가 날 정도로 거칠게 몸을 돌려 가방을 집어 들고는 홀 밖으로 나가려던 찰나였다. 누군가 예니의 손목을 꽉 잡았다. 예니는 온몸에 소름이 쫙 돋는 듯한 기분이 들었다.

"학생, 잠깐 나하고 얘기 좀 하지."

얼굴이 붉으락푸르락 달아오른 걸쭉한 목소리의 중년 남자가 예니를 쳐다봤다. 예니도 그에 질세라 남자를 위아래로 훑어봤다. 아랫배가 불룩 튀어나온 남자의 얼굴에는 땀구멍이 우둘투둘 나 있고, 온몸에서 담배와 커피믹스 냄새가 섞여 진동을 했다.

"전 할 얘기가 없는데요?"

예니가 팔을 뿌리치려 하자 남자가 더 세게 예니를 잡아끌었다.

"뭐라고? 어른이 말씀하시는데 어디 어린 계집애가 말대꾸야! 야, 네가 뭔데 남의 새끼들한테 소리를 쳐? 그래, 우린 무식해서 클래식 같은 거 잘 모른다. 그러는 너는 얼마나 고상해서 그래! 그래 봐야 부모 잘 만나 누릴 거 누리며 사는 주제에, 잘난 척하기는."

"뭐라고요? 아니, 제대로 가르쳐서 오시진 못할망정 왜 무턱대고 음악회에 와서 민폐예요, 민폐는! 그리고 지금 이거 뭐하는 거예요? 당장 놓지 않으면 소리 지를 거예요."

남자는 예니가 소리를 지르겠다는 말에도 꿈쩍하지 않았다. 오히려 전보다 더 험상궂은 얼굴로, 손목을 잡지 않은 다른 손이 예니의 머리 위로 올라왔다.

"이게 확! 어디 한 번 소리 질러 봐."

"이보세요, 지금 뭐하시는 겁니까?"

남자가 예니에게 손찌검을 하려는 순간, 화가 난 원이의 목소리가 들렸다.

"그 손, 당장 놓으세요."

"어라, 남자친구가 있었구먼. 흥, 내가 안 내려놓으면 어쩔 건데? 날 치기라도 할 거냐? 응?"

"네, 때리고 경찰에 자수할 테니 같이 가시죠. 저는 단순 폭행으로, 아저씨는 성추행으로요. 그리고 우리 내기할까요? 누가 더 늦게 풀려 나오나?"

원이가 정중하지만 단호한 목소리로 말했다. 그 말에 남자가 주춤거리며 뒤로 물러섰다.

"아이들이 보는 앞에서 뭐하시는 겁니까! 창피하지 않으세요?"

"하, 내가 클래식 어쩌고 하는 데 다시 오나 봐라. 고상한 것들, 니들끼리 잘 먹고 잘 살아라. 얘들아, 가자."

남자가 예니와 원이를 향해 한바탕 퍼붓고 나서 겸연쩍은 얼굴로 아이들을 데리고 나갔다. 남자와 아이들은 로비 밖으로 몰려 나가는 사람들 틈에 섞여 곧 사라졌다.

"뭐 저런 사람이 다 있어?"

예니가 짜증스럽게 말했다. 화를 내는 얼굴을 보아하니 남자에게 겁을 먹은 건 아닌 듯했다. 손목이 아팠거나, 귀찮고 성가셨던 모양이다.

"그러게, 왜 남의 집 애들한테 잔소리를 했어?"

"애들이 개념 없이 구니까 그렇지. 요즘 들어 음악회에서 지켜야 할 최소한의 매너도 모르는 사람들이 너무 많은 것 같아. 음악회 오는 게 겁날 정도라니까!"

"근데 네가 말하는 매너라는 거, 나도 잘 모르는데?"

"하하하, 오빠는 다르지. 그리고 매너라는 게 별거야? 연주 소리 말고는 어떤 소리도 나지 않게 하라는 것뿐인걸. 이것만 지키면 되는 건데, 사람들이 그걸 무시하니까……."

"좀 까다롭단 생각은 안 들어? 록 콘서트나 뮤지컬 같은 데하고 전혀 다르잖아. 그곳에선 음악을 듣다 흥에 오르면 같이 소리도 지르고, 박수도 치고 그러잖아? 그런데 클래식 음악회에선 숨소리마저 부담스러울 정도야. 중간에 박수도 치면 안 되고. 엄숙주의에 젖었달까?"

"그야 전자 장비를 쓰는 게 아니라 악기 고유의 소리나 목소리만으로 연주하니까. 록 콘서트에서도 확성기를 들고 소리를 치거나 박수를 치면 제지할걸?"

"그런데 영화나 소설에 보면 클래식이 한창 많이 연주되던 19세기 유럽이나 미국에서는 지금처럼 조용히 감상하지 않던데? 발자크의 『고리오 영감』에선 귀부인들이 음악회나 오페라에 가서 수다도 떨고, 부산하게 두리번거리는 장면이 나오거든."

오늘도 눈치 없이 정론을 펼치는 원이를 예니가 쏘아봤다.

"그러니까 오빠 말은, 옛날에도 그랬으니 음악회에서 소리 내어 떠들어도 된다는 거야?"

정색한 예니를 보고 원이가 당황하여 손을 내저었다.

"얘니야, 내 말은 그게 아니라 단순히 궁금하다고. 언제부터 음악회의 매너가 바뀐 건지, 왜 유독 클래식 음악회에서는 숨을 쉬는 것조차 조심스러운 건지."

"오빠, 솔직히 우리나라는 엄숙한 축에 들지도 않아. 공연 시간에 늦는 건 말할 것도 없고, 악장과 악장 사이에 기침과 재채기가 합주를 하고. 애들을 둘째 치더라도 교양 있어 보이는 어른들도 막 웃고 떠들어."

"그래도 록이나 뮤지컬보다는 많이 긴장하잖아. 넌 성에 안 차겠지만 그 사람들도 나름대로 노력하고 있다고. 나는 단지 음악회에 온 사람들이 베블런이 말한 과시 전략인 게 아닐까, 의심하는 거야."

"음악회에 오는 게 무슨 과시 전략이란 거야? 그리고 진짜 과시 전략이라면 진지한 척이라도 해야 하는 거 아냐?"

"하하, 네가 이럴 줄 알았어. 좋아, 그럼 내 말을 듣고 이상하거나 궁금한 점이 있으면 바로 지적해 줘."

"걱정 마!"

"우선 전제부터 확인하자. 우리가 클래식이라고 부르는 것들은 18세기 전후에 유럽의 교회나 귀족의 저택, 왕궁 등에서 연주되던 음악이야. 혹은 그 음악의 연장선상에 있거나. 어쨌든 그 양식을 따른 음악이라는 점에 동의해? 그 시절 유럽에서 나온 민속 음악을 클래식이라고 하진 않잖아."

"하지만 모차르트는 궁정을 뛰쳐나갔어. 교회에 소속된 것도 아니었고.”

“그렇다고 모차르트가 요즘처럼 불특정한 대중을 상대로 작품을 발표하고 연주한 건 아니잖아. 궁정에 소속되지 않았을 뿐이지. 궁정에 출입할 수 있는 귀족이나 성공한 부르주아를 위한 작품 활동을 했어. 내가 알기로 모차르트가 한창 잘나갈 때도 청중은 100여 명에 불과했어. 그런데도 모차르트는 비교적 넉넉하게 잘살았대. 그것만 두고 보더라도 당시 티켓값이 만만치 않았을 것 같거든.”

“오빠 말이 맞아. 그 시절의 음악회는 사교 모임 같은 거였어. 음악회에 초대된 건 왕실 귀족이나 부르주아 그리고 연주하는 음악가뿐이었지.”

예니의 말에 원이가 빙그레 웃으며 물었다.

“네 말대로 음악회는 사교 모임이니까 귀족이나 음악가는 그렇다 칠 수 있어. 근데 상공업자들, 그러니까 부르주아는 왜 거금을 들이면서 그 자리에 있었을까?”

예니가 원이의 말을 곱씹으며 골똘히 생각한 뒤에 대답했다.

“음악을 좋아해서가 아닐까? 나중에 그 사람들이 돈을 걷어서 오케스트라도 만들었잖아? 필하모니 오케스트라 말이야. 오빠는 그 사람들의 의도가 순수하고 아름답게만 보이지 않겠지만.”

“당연하지. 사회학은 의심에서부터 출발하니까. 당장 눈앞에 보이는 현상 뒤에 어떠한 사회 배경이 숨어 있는 게 아닐까, 의심에 의심을 거듭하거든. 미국의 사회학자인 라이트 밀즈가 말한 ‘사회학적 상상력'이지."

원이의 이야기를 가만히 듣고 있던 예니는 불현듯 아빠가 떠올라 피식 웃음이 났다.

'하여튼 둘이 묘하게 닮았다니까?'

원이는 예니의 표정 변화에도 아랑곳없이 자신의 생각을 끊임없이 주절거렸다.

"실제로 모차르트나 베토벤의 편지를 보면 '대중들은 믿을 수 없다.'라는 말이 자주 나와. 베토벤은 대중을 '빈의 돼지들'이라고 경멸하면서도 그들 취향에 맞춰서 곡을 썼고. 그런데 이들이 말하는 대중은 노동 계급까지 포함한 일반 대중이 아니라 부르주아나 소부르주아를 말하는 거였어."

"그래서 오빠가 하고 싶은 말이 대체 뭐야? 당시 대중은 음악을 사랑해서 음악회에 온 사람들이 아니었다는 거야? 왜 대가들 음악회에 비싼 돈을 내고 갔느냐고? 자기들 수준에 맞는 당시 유행가나 비교적 쉽게 접할 수 있는 이탈리아 오페라나 보러 가면 됐는데?"

"응. 그리고 그 이유는 다른 사람들과 자신을 구별하는 제법 자랑스러운 일이기 때문이라서고. 18세기 전에는 돈이 아무리 많아도 주최 측에서 보내는 초대장이 없으면 음악회에 참석할 수 없었어. 그런데 돈만 내면 그 격조 높은 모임에 참석할 수 있게 됐다고 생각해 봐. 얼마가 들든 참석하려고 들지 않겠어?"

"오빠, 그건 베블런 이론이랑 다른 것 같은데? 베블런이 말하는 허영은 기본적으로 '낭비'잖아? 돈을 펑펑 써 버릴 수 있다고 과시하면서 다른 계층과 차별화하려는. 근데 오빠가 문제로 삼은 건 '클래식 음악회는 어째서 격식이 까다로울까?' 하는 거였어. 내 생각엔 베블런보다 노르베르트 엘리아스*가 주장한 '문명화 전략'에 더 가까운 것 같은데?"

"세상에, 노르베르트 엘리아스를 알아? 이론도 알고? 너 첼로 전공한다며!"

"그러니까 날 얕보지 말랬잖아. 내가 악보를 제외하고 가장 많이 보는 책이 사회학 관련 서적이야. 어쨌든 내 생각에 음악회의 까다로운 규칙은 18세기가 아니라 19세기에 생긴 거라고 봐. 오빠는 모차르트나 베토벤의 음악회를 예로 들었지만, 그 음악회도 오빠가 생각하는 엄숙한 분위기는 아니었거든. 악장과 악장 사이의 박수는 예삿일이고, 이탈리아나 프랑스에서 온 청중 중에 한 손에는 꽃을 다른 손에는 계란을 들고 온 사람도 있대."

"와, 연주 중에 계란 날아오고 하면 그거 참."

"초대받아서 가는 음악회는 그 자체로 다른 사람들과 구별이 되는 지표니까 일단 그 안에만 들어가면 굳이 까다롭게 행동할 필요도 없었어. 그래서 좀 자유롭고 풀어진 분위기였던 거고. 모차르트가 지인에게 보낸 편지를 보면 자기 작품이 연주되는 동안 작곡자 본인

◆ 독일의 사회학자. 저서인 『문명화 과정』을 통해 사회 구조의 발전 과정이 개인의 신념이나 태도, 가치나 습관, 행동에 가져온 변화를 밝혔다.

도 객석을 돌아다니면서 손님들한테 인사하고 카드를 쳤을 정도니까. 그러다 19세기에 대규모 공공 음악회가 보편화되면서 개나 소나 돈만 내면 참석할 수 있는 게 되었어. 이제 음악회에 간다는 것만으로는 '선택 받은 자'로서의 권위나 특권이 사라진 귀족들, 지금 말로 치면 기득권층이 음악회장 안에서도 주인 행세를 한 거야. '감히 여기가 어디라고! 돈 좀 있다고 천한 것들이 함부로 들락거릴 수 있는 곳이 아니야. 어디, 너희가 이런 매너를 지킬 수 있나 두고 보자.'라는 식으로. 그 결과 까다로운 음악회 매너가 만들어진 게 아닐까?"

"너 정말 그렇게 생각해?"

원이가 눈을 동그랗게 뜨고 예니에게 물었다.

"그건 노르베르트의 생각이고, 난 그렇게 생각하지 않아. 솔직히 음악회의 격식과 절차는 그렇게 까다로운 게 아니거든. 그냥 딱 두 가지만 지키면 되니까."

"그렇게 쉬운 거야? 그게 뭔데?"

"연주자를 방해하지 말고 집중해서 들어라. 연주가 진행되는 동안 음악 소리 외에는 아무 소리도 내지 마라. 딱 이 둘이라고. 여러 가지 격식이니 예절이니 하는 것도 결국 이 두 가지만 잘 새겨 두면 알아서 지켜지는 거고."

"그래? 그럼 그걸 한 페이지 정도로 정리해서 적어 줄래? 내가 가지고 다니면서 지키게. 이것만 지키면 음악회 매너는 오케이, 뭐 이런 거."

원이는 야무지게 설명하는 예니가 자기보다 어른스럽게 느껴졌다.

"뭐, 그 정도는 어렵지 않아. 사실 클래식 음악회뿐 아니라 모든 공연에서 다 지켜야 하는 매너이지만."

예니가 가방에서 휴대전화를 꺼내 빠르게 화면을 두드렸다.

"자, 보냈으니까 받아 봐."

"정말 빠르다. 첼로 연주자라 그런가? 손가락을 움직이는 속도가 장난이 아닌데?"

바지 주머니에서 휴대전화를 꺼내 문자 메시지를 들여다보던 원이가 머리를 설레설레 흔들었다.

음악회 매너
① 공연 시간 엄수!
② 박수는 공연이 끝난 뒤에!
③ 옆 사람과 잡담 금지!
④ 휴대전화 전원 끄기!
⑤ 기침도 참아 보자!

"이거야 원, 그냥 처음부터 끝까지 가만 있으라는 거네?"

"맞아. 바로 그거야."

"그런데 예니야, 왜 음악회에 온 청중에게 연주자에 비슷한 정도의 집중을 요구하는 거야?"

"오빠, 보통은 약속이 생기면 티피오TPO♦를 생각하지? 음악회 매너도 그와 비슷한 거야. 이를테면 록 스타들은 청중들이 멀뚱히 앉아 음악을 듣고 있으면 무시당했다고 생각하잖아? 그래서 '자, 한 번 놀아보자!'는 식으로 호응하는 거고. 마찬가지야. 클래식 연주자들은 청중들이 집중해서 들어 줄 때 존중받는다고 생각해. 그건 연주자에 대한 존경에서 비롯되는 거니까."

"아, 갑자기 떠오른 생각이 있어."

무언가 번뜩 떠올랐는지 원이가 씩 웃으며 말했다.

"고급 호텔 로비나 레스토랑에서 현악사중주나 피아노삼중주를 연주해도 손님들은 연주에 집중하지 않잖아. 마음대로 드나들고, 이야기하고, 음악이 흐르고 있단 걸 모르고 지나치는 경우도 있어. 똑같은 클래식인데도 말이지. 이것도 결국 연주하는 음악가들의 지위 문제가 아닐까? 그들의 지위를 인정하느냐 마느냐에 따라 같은 음악을 연주하더라도 감상 태도가 달라지는 거야. 그들을 고귀한 예술가로 보느냐, 아니면 돈 받고 여흥을 제공하는 알바로 보느냐. 그러니까 19세기 들어 까다로운 음악회 매너가 만들어진 건 음악과 음악가의 사회적 지위가 높아졌기 때문 아닐까?"

예니가 슬며시 눈을 흘기며 원이를 바라봤다.

♦ 시간time, 장소place, 상황occasion의 약자로, 의복을 경우에 알맞게 착용하는 것을 뜻하는 패션업계의 용어이다.

"혹시 시민 혁명 때문이라고 말하고 싶은 거야?"

"응, 시민 혁명이 아니면 그 차이를 설명할 수 없으니까."

"그런데 시민 혁명 한참 뒷 세대인 찰스 디킨스 소설에 보면 귀족들은 여전히 부르주아나 노동 계급을 멸시하는걸? 『데이비드 코퍼필드』나 『위대한 유산』 같은 작품을 보면 그렇잖아."

"그야 제도적으로는 신분 제도가 사라졌지만, 귀족들 뇌리에는 여전히 남아 있었으니까. 귀족들이 시민 계급을 내려다본 데에는 일종의 부러움과 분노가 섞여 있었거든. 천한 것들이 자기들보다 많은 재산을 축적하고 사회적 영향력이 커진 현실을 부정하고 싶었던 거지. 물론 귀족들이 시민을 멸시한 것만큼 시민도 귀족을 선망했지만."

"둘 다 똑같았네."

"그럴지도. 어쨌든 성공한 시민은 귀족과 비슷한 대우를 받길 원했어. 필요하다면 돈을 들여서라도 그 사회에 들어가고 싶어 했지. 음악가들의 지위가 높아진 것도 음악회가 왕실이나 귀족의 문화였기 때문이 아닐까 싶어. 20세기 초반에는 영화관도 엄청 화려하게 꾸몄잖아? 그 순간만은 귀족처럼 느낄 수 있도록 말야. 시민 혁명 이후에 '셰프chef'라고 불리는 조리사들이 등장하고, 매너를 지키지 못할까봐 덜덜 떨며 먹어야 하는 레스토랑이 생긴 것도 음악회가 엄숙해진 과정과 비슷하다고 생각해."

레스토랑에 셰프라는 단어가 나오자 예니의 눈이 활짝 커졌다.

"오, 음악회는 잠깐 접어 두고 레스토랑 이야기를 해 줘."

"그럴까? 봉건 귀족들은 지방에 장원을 가지고 있으면서도 더 높은 지위를 얻으려고 왕실 일에도 관여를 했어. 그래서 상당 기간 자기 장원이 아닌 왕궁 근처에 지내면서 무도회나 만찬 같은 사교 행사를 열어 왕족과 귀족에게 줄을 댔지. 이런 사교 행사를 열려면 뭐가 필요할까?"

"요리사!"

"물론 요리사도 필요해. 근데 요리사를 구하기 전에 왕궁 근처에 연회를 베풀 수 있는 주방과 넓은 홀을 갖춘 저택이 있어야 하지 않을까? 자기 영지가 아닌 수도에서 사교 모임을 위해 지은 저택. 그리고 그런 의도로 지어진 저택이 발전해서 어떻게 됐게?"

"잘 모르겠는데?"

"호텔!"

"진짜? 호텔이 그렇게 생긴 거였어?"

예니가 깜짝 놀라 되물었다.

"그런데 시민 혁명이 일어나고 왕족이나 귀족이 단두대로 끌려가자 신분 제도뿐 아니라 그걸 기반으로 움직이던 사회 전체가 무너졌어. 시민 혁명 때문에 실업자가 된 사람들이 생긴 거야. 호텔에서 각종 사교계 행사를 위해 일하던 사람들 말이야."

"더불어 음악가도 일거리가 확 줄어들었고."

"맞아. 그 사람들이 우르르 길거리로 쏟아져 나왔어. 그런데 재밌는 건 귀족들의 매너를 잘 알고 있던 이 사람들이 다시 새로운 계층을 만들어 냈다는 거야."

예니가 고개를 갸우뚱하며 질문을 하려고 하자 원이가 선수를 쳤다.

"그동안 그들이 한 일을 생각해 봐. 누군가의 시중을 들거나, 음식을 대접하는 거였잖아? 한데 일자리를 잃어서 먹고살 일이 막막해졌어. 고민 끝에 그들은 자신이 가진 재주를 이용하기로 했지. 고객이 귀족처럼 느껴지게끔 대접하고 돈을 받은 거야."

"갑질을 기꺼이 받아들였다고?"

"딱 돈을 낸 만큼만. 그들은 돈을 낸 고객들에게 왕이나 귀족이 받았을 법한 대우를 해 줬어."

"그래서 귀족이 사라진 뒤에도 호텔은 남았구나. 주인이 없다고 손님이 없어진 건 아니니까. 이젠 초대장이 아니라 돈을 내고 가야 하지만. 혹시 호텔 이름 중에 로열Royal이나 팰리스Palace 같은 게 들어가거나 리츠 칼튼Ritz-Carlton이나 매리어트Marriott처럼 귀족 가문의 이름을 따오고, 호텔 마크가 귀족 가문의 휘장이랑 비슷한 것도 그런 이유일까?"

"그럴듯한데? 자, 그럼 귀족 집에 손님으로 갔으니 그 귀족이 주최한 만찬에 가서 최대한 격식을 차려서 식사를 해야겠지? 호텔과 레스토랑은 단지 하룻밤 자고 식사를 하는 여관이나 주막과는 다른 곳이야. 격식을 차려 수준 높은 대접을 받고 잠시나마 귀족 신분을 구입하는 곳이니까. 어, 이제 집에 다 온 거 아닌가?"

"그러네. 나 여기서 내릴게. 오빠, 고마워. 덕분에 사회 공부 많이 했어."

"그래, 잘 가. 나도 예니 덕에 귀가 호강했어. 고마워."

05

{ 예니야, 음악회 청중에도
여러 유형이 있단다! }

예니야, 독일의 사회 철학자 아도르노는 음악회에 온 청중들을 관찰하고 분석
했어. 그리고 다음과 같이 분류했지.

1. 전문가형 음악 전공자 혹은 전공자의 관점에서 음악을 듣는 사람!
이들은 곡 전체 구조를 머릿속에 그려 가면서 음악을 감상해. 훌륭한 음악은
복잡하면서도 논리적인 음악, 구조적으로 빈틈없이 짜인 음악이라고 하지. 전
문가형 사람들은 음악이란 듣는 것만으로도 머리를 많이 쓰는 도전적인 활동
이라고 생각한단다.

2. 유능한 청취자형 전문가는 아니지만, 평소 음악을 많이 듣는 사람!
음악의 구성이나 논리를 직관적으로 이해할 수 있는 감식가 혹은 애호가라 불
리는 사람들이야.

3. 교양 소비자형 음악을 교양의 척도나 이야깃거리의 화제로 올리는 사람!
음악회에 온 대다수의 사람이 이 유형에 속해. 이들은 곡 전체를 완전히 이해
하고 감상하기보다 감동을 주는 단편적인 부분만 골라서 들어. 오페라를 관람

할 때조차 아리아 중심으로 듣고, 기교가 많이 들어갈수록 멋진 음악이라 생각하지. 아도르노는 이들이 대중을 경멸하고 엘리트 행세를 하는, 겉만 번지르르한 속물이라고 했어.

4. 감성파와 질투형 감성파는 감정을 해소하기 위해 음악을 들어. 음악을 들으면서 자신의 희로애락을 드러내고 싶어하거든. 이들은 정서적으로 진폭이 큰 음악을 선호해. 슬픈 음악, 장중한 음악, 정열적인 음악 같은 자극적인 음악 말야. 그런 음악을 들으면서 자신의 감정과 음악을 동일시하지.
그와 반대로 질투형은 음악에서 감정을 느끼려는 행위에 진저리를 쳐. 음악은 철저히 이성적이고 기술적인 것이며, 끈질긴 수련을 통해 도달하는 고도의 경지라고 생각하거든. 나 아닌 청중을 내려다보고, 바흐나 그 이전에 나온 고전 작품들에 심취하지. 이들은 고전 음악의 완벽한 고증과 재연을 요구할 뿐 감정이 지나치게 들어가는 연주는 경박하다고 느낀단다.

5. 오락 청취자형 음악은 어떤 의미를 가지는 것이 아닌 흥분의 원천이며, 즐거움을 주는 오락일 뿐이라고 생각하는 사람들이야. 대체로 자의식이 약한 수동적인 청취자들인데, 내면은 비어 있고 욕망에 사로잡혀 있지. 그래서 음악으로 긴장감이 유발되는 상황을 기피한단다.

06

너와 나의 차이

요제프 하이든,
교향곡 94번
G장조 Hob. 1-94

하이든이 1791년에 작곡한 교향곡이다. 처음에 조용하게 시작했다가 어느 순간 갑자기 모든 악기를 fff(포르티시모)로 연주하는 2악장을 듣고 청중들이 깜짝 놀랐다는 일화로 '놀람 교향곡'이라는 별칭을 얻었다. 이것만으로도 하이든이 얼마나 재미있는 사람인지 알 수 있다. 보통 2악장만 따로 연주하는데, 네 개의 악장 모두 창의적인 아이디어로 가득하다.

커튼콜이 십 분도 넘게 이어졌다. 비중이 낮은 배역부터 차례차례 나와 인사를 하고, 남녀 주인공이 나와 따로 인사했다. 곧이어 여자 주인공이 지휘자를 데리고 무대 위로 올라왔고, 모든 출연자와 지휘자가 한 줄로 서서 허리를 숙이고 나서야 막이 내려갔다. 객석에 불이 켜지고 세 시간 반이 넘게 이어진 베르디의 오페라 「돈 카를로스」의 공연이 끝났다. 시간은 어느새 12시를 향해 가고 있었다.

"어땠어, 처음 본 오페라는?"

예니가 눈을 동그랗게 뜨고 원이를 바라봤다.

"생각보다 어렵지 않았어."

예상과 달리 원이가 태연스레 대답했다.

"정말? 음악 좀 안다는 애들은 어렵다고 하는 작품인데?"

"실제 사건을 배경으로 한 거라 나는 무척 익숙했어. 물론 펠리페

2세의 캐릭터는 생각한 것과 많이 달랐고, 돈 카를로스를 정신병자가 아닌 영웅으로 만든 게 좀 걸렸지만."

"오페라가 흥행하려면 남자 주인공이랑 여자 주인공은 멋있고 아름다워야 하니까. 거기에 이룰 수 없는 사랑까지 더해지면 완벽하지!"

"하긴 조지 버나드 쇼*가 그랬어. 세상의 모든 오페라는 '소프라노랑 테너가 서로 사랑하는데 바리톤이 끼어들어 이뤄지지 않네.' 딱 이 한 줄로 요약할 수 있다고."

"제법 그럴듯한데? 오페라 대부분이 그렇거든."

"그래? 그렇다면 되게 통속적인데? 오페라가 생각보다 어렵고 고상한 장르는 아닌가 보다. 그나저나 오페라와 뮤지컬은 무슨 기준으로 구별하지? 노래하면서 연기를 하는 거니까 같은 건데 말야."

"듣고 보니 그렇네."

"더 재밌는 건, 보통 사람들이 이 두 가지를 분명하게 구별해 낸다는 거야. 또 당연한 듯이 다른 장르로 받아들이고. 신기하지 않니?"

"그럼 한번 찾아볼까?"

예니가 휴대전화를 꺼내 들었다.

"좋아. 궁금할 때는 역시 인터넷을 섬겨야지."

두 사람은 위키피디아부터 영어 사이트까지 샅샅이 뒤졌지만 만족할 만한 답은 얻지 못했다.

✦ 영국의 극작가 겸 소설가이자 비평가.

"오히려 더 헷갈리는데? 무엇을 오페라라고 부르는지 장르를 구분하는 기준 자체가 없어. 적어도 지금까지 우리가 검색한 결과만으로는."

원이가 맥 빠진 목소리로 말했다.

"오빠, 아직 포기하기엔 일러. 여태까지 검색한 걸 정리해 보자. 그러다 보면 뭐라도 나오겠지."

예니가 손가락을 빠르게 움직여 휴대전화를 두드렸고, 휴대전화에 입력한 내용을 원이에게 전송했다. 곧 원이의 휴대전화 화면에 노트 모양의 메모장이 열렸다.

오페라의 일반적인 기준.

노래로 진행되는 연극의 형태를 가진 공연 예술 중 다음의 특징을 가진 작품을 오페라로 분류함.

1. 16세기 말, 이탈리아에서 나온 음악 연극의 흐름을 따름.

2. 작품 전체가 작곡되어 있음.

3. 오페라(opera)는 '작품'이라는 뜻의 라틴어 '오푸스(opus)'에서 따옴. 노래와 연기와 춤이 무대 위에서 모두 펼쳐진다는 의미를 담고 있음.

"이렇게 정리를 하고 봐도 헷갈리네."

예니가 고개를 갸웃거렸다.

"뮤지컬 중에도 작품 전체가 작곡되어 있는 경우가 있고, 독일이나 프랑스에서 만들어진 오페라에는 음악 없이 대사로만 진행되는 부분이 있거든. 무대 위에서 노래와 연기와 춤이 모두 펼쳐지는 공연 예술이라는 말 역시 뮤지컬에 그대로 적용되고."

"그래? 그럼 검색하면서 내가 생각한 기준을 들어 볼래?"

원이가 마치 절호의 기회를 잡은 듯 눈을 반짝였다.

"첫째, 음악과 연기와 춤으로 이루어지는 종합 예술 작품이어야 한다. 둘째, 클래식을 기반으로 한다. 어때?"

"클래식으로 이야기가 흘러가면 오페라고, 팝이나 재즈, 로큰롤로 이루어진 건 뮤지컬로 나누자는 거야? 그럼 국악이나 동양 전통 음악은? 우리나라 창극 같은 건 어떡해?"

예니의 반론에 원이가 머뭇거렸다.

"각각 그 나라 말로 부르는 이름이 있겠지. 경극이라든가 곤극, 가부키, 노, 이런 식으로. 그걸 영어로 옮긴다면 결국 오페라가 되려나? 각자 그 나라의 클래식으로 연주하니까. 실제로 경극은 베이징 오페라, 곤극은 상하이 오페라라고 하잖아."

"그럼 가부키는 도쿄 오페라야?"

"찾았다! 가부키는 '가부키 시어터Kabuki Theatre'라고 세계문화유산에 등재되어 있대."

원이가 놀라운 발견이라도 한 듯이 말했다.

"그러니까 서양, 특히 서유럽의 17~18세기 전통 음악과 함께 발전한 음악극 혹은 노래극을 오페라라고 하면 되는 건가? 에이, 잘 모르겠다. 오늘은 너무 늦었고, 다음에 만나서 다시 얘기해."

"응, 잘 가. 연락할게."

원이는 집으로 돌아가는 동안 휴대전화로 이것저것 찾아서 메모장에 정리했다.

'opera'는 라틴어 'opus'의 복수형. 그럼 무대 위에서 노래, 연극, 연주, 무용 등이 한꺼번에 펼쳐진다는 뜻일까?

최초의 오페라 작품은 야코포 페리(Jacopo Peri)의 「다프네(Dafne)」.

1597년경에 발표한 작품이 최초의 오페라.

피렌체의 인문주의자들이 결성한 '카메라타 드 바르디(Camerata de' Bardi)'가 고대 그리스 비극을 재연하는 과정에서 만들어짐.

이들이 모여 리라나 아울로스 같은 악기를 연주하면서

고대 그리스의 비극을 낭송했음. 텍스트로만 전해 오던 걸

실제처럼 공연해 보고자 한 건데, 이것이 오페라의 기원.

페리의 「다프네」는 현재 남아 있지 않음. 악보로 복원되어 정식으로

상연되는 오페라 중 가장 오래된 건 클라우디오 몬테베르디의 「오르페오」.

1607년에 만토바 궁정에서 초연.

집 앞에 도착한 원이가 메모장 내용을 첨부하여 예니에게 문자를 보냈다. 그로부터 일주일이 지나고 원이는 메일 한 통을 받았다.

오빠,

그날 집에 돌아오는 내내 신경이 쓰여서 알아봤는데, 오빠가 잘못 알고 있는 게 있었어. 페리의 「다프네」는 악보가 사라진 게 아니라 일부만 남아 있는 거야. 그리고 르네상스 지식인들은 고대 그리스 비극의 원형을 두고 끊임없는 논쟁을 벌였어. 고대 그리스 비극은 전체가 노래였느냐, 코러스만 노래였느냐 하는 걸로. 결론만 두고 보면, 대사는 연극처럼 하고 코러스만 노래로 했다는 설이 유력했나 봐. 아무래도 그게 좀 더 비극에 가깝게 느껴지지.

문제는 지롤라모 메이라는 피렌체 학자가 이 의견에 반대한 거야. 지롤라모는 고대 그리스 문학 작품 중 남아 있는 대부분의 작품을 원어로 읽어 낼 만큼 그 분야에 정통한 학자였는데, 그런 그가 대사 한 줄 한 줄이 모두 노래로 이루어졌다는 결론을 내렸어. 다들 얼마나 멘붕에 빠졌을지……. 이후 바르디 공작과 빈첸초 갈릴레이 등은 그의 학설을 받아들여 고대 그리스 연극을 재연했대. 그 대표 작품이 페리의 「다프네」고.

어쨌든 한동안 대사도 노래로 부르는 게 대세였다가 또 대사의 형식으로 분란이 일어났어. 대사를 최대한 말하듯이 낭송해야 한다는 주장과 모노디(일종의 가요)에 가까운 서정적인 노래여야 한다는 주장으로 갈라졌거든. 결국 두 주장이 절충되면서 시를 낭송하듯 흥얼거리는 대사(레시터티브)와 독창곡(아리아)로 이루어진 오페라의 원형이 만들어졌고, 오케스트라의 심포니와 합창, 발레가 추가되면서 서로 다른 종류의 '작품opus'이 한꺼번에 무대에 올라간다는 뜻의 '작품들opera'이라는 이름을 얻게 됐대.

아, 오페라 초기 작품들에는 중창이 없어. 사람들이 동시에 말하는 게 부자연스럽다며 독창만 했대. 노래를 동시에 부르면서 서로 다른 감정과 성격을 표현하는 게 불가능하다는 의견도 있었고. 물론 이 주장은 모차르트가 보란듯이 깨 버렸지만. 그래서 그때 나온 오페라에서 음악을 기대하긴 어려워. 그런데 피렌체에서 만들어진 오페라는 지식인과 귀족들의 연구 활동 같은 거였거든? 이게 베네치아로 넘어가면서 확 달라졌어. 클라우디오 몬테베르디가 등장하면서 말이야.

몬테베르디는 레시티타보에 적극적으로 음률을 넣었고, 아리아에는 선율적인 기교를 집어넣어 오페라의 원형이라 할 만한 「오르페오」를 만들었어. 재밌는 건 몬테베르디 이후 수십 년간 오페라가 성행하지 못했단 거야. 제작비가 많이 들어서. 페리나 카치니, 몬테베르디도 바르디가家, 메디치가家, 곤차가 공작 같은 귀족들의 후원이 없었다면 제작은 꿈도 못 꿨을걸.

그러고 보니 「오르페오」도 귀족들이 특별 기획으로 만든 거네. 그나저나 귀족들은 왜 한 번 보고 말 공연에 그런 큰돈을 썼을까?

원이는 메일을 읽자마자 메신저를 켰다. 예니가 로그인 상태였다.

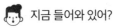 지금 들어와 있어?

예니가 기다렸다는 듯이 대답했다.

응, 메일 확인했어?

당연하지.

오빠 생각은 어때?

원이가 예니의 대답을 보고 나서 키보드를 두드렸다.

귀족들이 오페라 공연에 왜 막대한 돈을 썼는지 궁금하댔잖아. 그 건 간단해. 르네상스 시대였으니까.

르네상스?

응, 그땐 그리스·로마의 문화나 문명의 부흥이 일종의 트렌드였거 든. 귀족 가문의 명망은 시대정신에 얼마나 앞장서느냐에 달려 있었고. 너도 메디치가가 과학이나 철학, 예술 분야에 얼마나 많이 후원했는지 잘 알지? 이탈리아 피렌체는 메디치가에서 일궈 놓은 문화유산으로 여태껏 먹고살 정도니까.

원이의 답에 읽음 표시가 찍혔다. 곧이어 메시지가 작성 중이라
는 표시가 뜨더니 화면에 예니의 답장이 떠올랐다.

그런데 왜 하필 베네치아였을까? 르네상스의 중심지 피렌체가 아
니고.

예니의 질문을 예상한 원이의 얼굴에 환한 빛이 떠올랐다.

베네치아는 17세기 초반에 들어서야 오페라 극장이 생겼어. 오페
라 극장이 생겼다는 건 이벤트처럼 한두 번 공연하고 마는 게 아니라 손
님이 떨어질 때까지 몇 번이고 반복해서 공연할 수 있게 됐다는 뜻이고.

원이의 답에 예니의 답은 냉랭했다.

아니, 내 말은 그게 아니라 왜 하필 베네치아였냐고! 파리나 로마
같은 도시가 아니라.

평소 마키아벨리를 즐겨 읽었던 원이에게 예니의 질문은 너무 간
단했다. 원이는 쾌재를 부르며 빛의 속도로 답신을 보냈다.

넌 베네치아를 운하의 도시, 물의 도시로만 알고 있구나? 인구 삼십만의 작은 도시라고! 안타깝게도 13세기에서 17세기 사이의 베네치아는 지금이랑 전혀 다른 곳이야. 유럽에서 손에 꼽히는 강국이었다고. 이탈리아 베네토주州와 롬바르디아주州를 아우르고 있었어. 한마디로 이탈리아에서 쓸 만한 땅은 다 차지하고 있었지.

진짜? 베네치아엔 곤돌라만 있는 줄 알았더니.

지금이야 그렇지. 예전엔 지중해의 해상권은 물론이고 인구도 이백만 명이나 됐는걸?

에게, 겨우 이백만?

예니가 피식 웃으며 답했다.

겨우가 아닐걸? 당시 영국의 전체 인구가 사백만 명이었으니까. 이탈리아 안에 있는 공화국쯤 됐을 거야. 유럽의 권력은 교황과 황제 그리고 베네치아의 삼각관계라고 할 정도였으니까.

원이의 설명에도 예니는 베네치아의 옛 영광이 확 와 닿지 않았다. 예니가 아는 베네치아는 작고 예쁜 마을에 불과했으니까.

베네치아에는 교황이나 황제의 정치적 압력과 검열을 피하러 온 수많은 예술가가 몰려들었어. 도시의 거리에는 부유함의 상징인 화려하고 웅장한 건축물이 잔뜩 들어섰고. 사시사철 흥겨운 축제가 끊어지지 않았어. 특히 크리스마스부터 사순절까지 무려 5주나 이어진 카니발에는 유럽에서 온 각계각층의 사람들로 북새통을 이뤘대.

 우아, 상상만으로도 북적북적하다.

 부유한 도시와 엄청난 유동 인구, 영어로는 '베니스Venice'라고 하는 곳. 이곳에 예술가 말고 누가 또 몰려왔을까? 셰익스피어 덕분에 꽤 유명해졌는데 말이야.

 상인!

 딩동댕, 여하튼 카니발 기간 중에 뭘 팔아야 하나 궁리하던 상인들은 다채로운 공연 같은 게 있으면 좋겠다 싶었고, 때마침 등장한 오페라에 주목했어. 그길로 상인들은 오페라 극장 네 곳을 만들었고, 카니발 기간 내내 극을 올렸어. 이때 '시즌'의 개념이 처음 등장했대.

 그럼 시즌제로 이뤄진다는 말은 그때부터 시작된 거야?

응. 오페라의 성격도, 공연을 보는 대상도 180도로 바뀌었으니 내용이 전과 달라진 건 당연한 게 아닐까? 물론 내가 직접 들어 본 게 아니니 정확하게 말할 순 없지만.

오빠 말이 맞아. 몬테베르디 이후 확실히 달라졌어. 고대 그리스의 재연이라기엔 스토리도 좀 그렇고. 시대 배경만 차용할 뿐, 결국 다 사랑 이야기거든. 비극도 해피엔딩으로 바꿔 놓고. 레시터티브보다 아리아의 비율이 높아진 것도 이때부터야. 극이 아리아 중심으로 바뀌었고, 5막 편성이었던 것들이 3막으로 줄어들었고.

역시! 손님을 받는 상인과 그들에게 돈을 받아야 할 작곡가 입장에선 관객이 없으면 망하니까. 극장까지 만들어 놨는데 말이지. 더욱이 관객은 관광객이고. 작품성보다는 극을 이끌고 갈 화려한 기교의 가수들이 필요했을 거야. 제작비도 한몫했을 거고.

오빠 말을 듣고 보니 또 그렇네.

베네치아 오페라는 엄청나게 큰 성공을 거두었어. 해외에서 온 관객 입장에선 난생처음으로 그렇게 재미난 경험을 해 본 거니까. 그리고 자기네 나라에 가서 소문을 퍼뜨리겠지. 그다음에 이어질 결과는?

베네치아에서 오페라를 공연했던 팀이 유럽의 다른 도시로 순회공연을 떠나겠지. 함께 공연했던 사람들끼리 오페라단을 꾸린 거야. 그래서 카니발 시즌에는 베니치아에서 공연하고, 시즌이 끝나면 다른 도시로 향하고. 대규모 인원이 움직이려면 여행 경비도 만만치 않고, 도시마다 사람들을 모으는 것도 일이었을 거고.

예니야, 사람을 모으는 데 가장 효과적인 방법이 뭔지 알아? 바로 스타 마케팅이야.

그럼 일부러 스타를 키운다고?

응, 오페라단이 소프라노나 카스트라토◆ 중심으로 꾸려졌대.

맞아. 실제로 17세기 후반부터 18세기 초반에 등장한 오페라는 줄거리보다 주역의 아리아에 집중되거든.

작곡가들은 짜증나고 답답했겠다. 자기 음악이 가수를 돋보이게 하는 배경으로만 쓰인 거니까. 음악성보단 대중들에게 익숙한 멜로디와 리듬에 신경을 써야 하고.

◆ 여성 음역을 가진 남성 가수.

원이는 저도 모르게 한숨을 내쉬었고, 예니는 뭔가 번뜩 떠올랐
는지 손가락을 바삐 움직였다.

오빠, '프리마 돈나'라고 들어본 적 있어? 그때 나온 말인데, 오페라
에서 주역을 맡는 소프라노를 말하거든?

아, 들어 본 적은 있어.

당시 프리마 돈나들은 자기를 보다 화려하게 만들어 줄 작곡가를
지정하고, 자신이 정한 작곡가의 곡이 아니면 배역을 맡지 않겠다고 생
떼를 부렸대. 원작하고 무관한 아리아를 따로 만들어 와 부르고, 작곡가
나 지휘자에게 지적을 받으면 그 자리에서 무대를 박차고 나가기도 하고.

관객들이 가만있었대? 공연을 망친 거잖아?

원이가 당시 관객들의 마음에 동화되어 인상을 찡그렸다.

정말 오페라를 감상하려는 사람은 짜증이 났겠지. 근데 그런 사람
은 극히 일부였고, 대부분은 프리마 돈나를 보러 온 거라…….

세상에.

그러다가 글루크*가 등장한 거야. 글루크는 노래자랑으로 바뀐 오페라의 연극적 성격을 되살리려고 했어. 아리아 수를 줄이고, 합창을 적극적으로 활용하고.

오페라 본연의 형식을 따르려고 했던 거구나.

응, 그랬더니 오페라가 지루해졌지 뭐야. 그래서 그때나 지금이나 글루크는 지루한 작곡가라는 꼬리표가 따라다녀. 물론 귀족이나 지식인들은 글루크를 환영했지만.

그들은 고전적인 걸 좋아하니까.

근데 오빠, 노래를 포기하지 않으면서 연극성까지 높인 사람이 등장했어. 그게 누구게?

글루크 다음에 등장한 사람이라…… 모차르트? 모차르트가 어떻게 했는데?

쳇, 너무 쉽게 맞혔네. 모차르트는 오페라의 문제점이 고대 그리스

◆ 독일의 작곡가. 아리아 중심의 오페라를 가사와 극 내용을 중시하는 양식으로 개혁했다.

의 연극을 재연한 데에 있다고 생각했어. 현재를 살아가는 사람들에게 신화라니, 더군다나 등장인물의 성격은 평면적이잖아. 결과는 뻔하고. 누가 이런 진부한 이야기를 보겠냐는 거지. 그래서 모차르트는 가벼운 오락거리로 취급되던 오페라 부파를 선택했어.

 잠깐만, 오페라 부파라니? 난 '모차르트=희가극'이라고 배웠는데?

 하핫, 오페라 부파를 보통은 희가극이라고 하니까, 아주 틀린 말은 아니야. 원래는 정가극의 막간에 공연되던 일종의 인테르메조*였지만. 아, 정가극은 '오페라 세리아'라고 해.

 오페라 막간에 또 다른 오페라를 공연했다고?

 응, 18세기에는 무대 전환에 시간이 많이 걸렸거든. 한 막이 끝나고 다음 막을 준비할 때까지 관객들의 관심을 돌릴 만한 공연이 필요했어. 그래서 단막 희가극을 두 개 넣거나 2막짜리 희가극 하나를 정가극 사이에 올리곤 했지.

 그럼 이야기 구성도 간단했겠네.

◆ 막간극.

응. 등장인물을 두 명이나 세 명 정도로 줄이고, 무대 장치나 배경 장치 없이 오롯이 이야기에 집중할 수 있게 했어. 그때나 지금이나 구두 쇠 영감의 딸과 무일푼 청년이 비밀 연애를 하는 막장 드라마는 인기가 많았나 봐. 솔직히 이런 이야기에 예술적 요소는 찾아볼 수 없잖아.

 그럼 모차르트는 왜 희가극에 꽂혔을까?

 살아 있는 진짜 사람들이 등장하니까. 희로애락이 있고, 적당히 어리석고, 탐욕이 있는 진짜 사람들. 음악적으로도 정형화된 양식과 관행에서 벗어나 음악가로서 표현할 수 있는 여지가 많았어. 중창도 마음껏 쓸 수 있었고.

 듣고 보니 재밌다. 모차르트 오페라 내용도 궁금하고.

 오빠도 서서히 클래식 매력에 빠지는 것 같다? 왠지 기분 좋은데?

 네 영향이지 뭐.

솔직한 원이의 대답에 예니의 얼굴이 살짝 불그스름해졌다.

 음악 시험에 단골로 나오는 「피가로의 결혼」은 주인공 이발사 피가로와 알마비바 백작부인의 하녀인 수잔나가 결혼하는 날에 일어난 우여곡절을 그린 이야기인데, 피가로와 수잔나의 이야기만 있는 건 아니야. 수잔나와 백작부인이 계략을 꾸며 바람기 많은 알마비바 백작을 골탕 먹이는 이야기도 나와. 어때? 고결한 백작과 우아한 백작부인, 충직한 하인과 순결한 하녀의 이야기보다는 훨씬 현실적이고 재밌을 것 같지 않아?

 설정만 들어도 그림이 그려진다.

 극이 흘러가는 과정은 또 어떻고? 거의 모든 장면에 대여섯 명의 등장인물이 나와 중창을 부르는데 일상생활을 음악으로 표현한 거야. 아리아 분량을 줄인 것도 눈에 띄는 변화고. 각 등장인물마다 3곡쯤 부르는데, 그나마도 감정과 성격을 묘사하기 위해 썼달까? '이 인물은 이런 성격이고, 이런저런 사연을 가진 인물이다.' 하는 정도만. 근데 오빠, 질문이 있어. 「피가로의 결혼」을 발표했을 당시에는 정치적이라고, 위험한 작품으로 취급됐대. 오빠도 알고 있었어?

 응.

 알고 있었구나. 그럼 프랑스 루이 16세가 「피가로의 결혼」을 보고 평민들이 무서워졌다고 말했던 것도 알아? 난 도무지 이해가 안 돼. 여기에 나오는 음악들은 대체로 밝고 경쾌하거든.

정말? 난 정치적으로 위험한 작품이라 과격한 음악으로 된 줄 알았는데?

아니, 되게 유쾌한 음악만 나와.

그렇다면 웃음이 가지고 있는 정치적인 힘 때문일 거야.

웃음? 정치적인 힘?

생각지 못한 전개에 예니는 고개를 갸우뚱거렸고, 원이는 전보다 더 진지한 얼굴로 컴퓨터 화면을 바라봤다.

그때는 목소리를 높여 항의하고 저항하는 것보다 웃는 걸 더 두려워했으니까.

그게 말이 돼?

웃음은 상대의 권위를 무시하는 행위니까. 학교에서도 그렇잖아? 반항기 가득한 눈으로 '왜요?' 하고 대드는 것보다 '네.'라고 대답하고는 피식 웃을 때 더 많이 혼나. 조롱이나 경멸은 압제에 대항하는 가장 큰 무기니까. 근데 절대 왕정 시대에 웃어 버리면 어떡해?

 아…….

 생각해 봐, 북한에서 김정은이 나오는 코미디를 만들 수 있겠어? 중국에서 마오쩌둥이나 시진핑이 주연인 코미디가 가능할까? 웃음을 허용한다는 것은 압제를 포기한다는 뜻이야. 난 「피가로의 결혼」을 본 적이 없어서 뭐라 못하겠지만.

 오빠 말을 들으니까 확실히 이해가 돼. 「피가로의 결혼」 이전의 오페라 부파를 보면 거의 대부분 부르주아의 딸과 결혼하기 위해 젊은 귀족이 미래의 장인이 될 영감을 막 골탕먹이는 거야. 귀족이 가난해서 부르주아가 결혼을 허락하지 않거든.

원이는 늘 예니가 잘 알아들을 수 있게끔 현실적인 예를 들어 설명해 준다. 예니는 이런 원이가 늘 고마웠다.

 귀족 입장에선 그것도 기분 나쁘겠다.

 왜? 골탕 먹이는 쪽이잖아?

🙂 골탕을 먹여야 한다는 상황 자체가 기분 나쁘지. 부르주아 따위와 지략을 겨룬다? 이거야말로 둘 사이가 동등하다는 의미니까.

👩 듣고 보니 그러네? 그럼 「피가로의 결혼」은 더해. 골탕을 먹이는 게 하인 피가로고, 골탕을 먹는 건 백작이거든. 「돈 조반니」에서는 귀족 돈 조반니를 죽이겠다며 동료들을 모으고 총칼로 무장하거든.

🙂 이제 알겠어, 주변에 있을 법한 인물이 오페라의 주인공으로 등장하니 정가극이 설 자리가 없어진 거야. 그렇게 공연 예술도 발전하게 된 거고.

👩 근데 신기한 건, 19세기 들어서는 오페라가 죄다 비극으로 바뀌었다? 베르디의 「리골레토」나 「라 트라비아타」, 푸치니의 「라 보엠」이나 「토스카」 같은 걸 봐. 혹시 이것도 시민 혁명이나 민주주의하고 관계가 있는 걸까?

🙂 아마도 그럴걸? 근대 이전에는 비극의 주인공 또한 아무나 할 수 있는 게 아니었을 테니까. 비극과 희극은 슬픈지 웃긴지로 구별하는 게 아니라 주인공이 고귀한 인물인지 평범하거나 비루한 인물인지에 따라 구별했거든. '이렇게 훌륭하고 고결한 주인공임에도 거역할 수 없는 운명 때문에 비참한 결과를 맞이하는 것'이 비극의 주제였을 거야.

쳇, 평범한 사람은 슬픈 일도 없나, 뭐!

 그러게. 근데 시민 혁명을 전후로 평범한 선남선녀가 사회 구조적
모순과 그릇된 제도 때문에 비참한 결과를 맞이하는 '시민 비극'이 등장
했어. 신의 저주나 운명이 그릇된 사회 구조나 제도로 바뀐 거지. 그럼
여기서 문제! 평범한 인물들이 그릇된 사회 구조나 제도의 완강한 벽을
뼈저리게 느끼는 소재로 가장 좋은 게 뭘까?

 그걸 질문이라고 해? 당연히 사랑 이야기지. 잘못된 사회 제도와 관
습에 막혀 사랑이 좌절하는 이야기는 누구나 공감할 수 있는 이야기니까.

 그래, 맞아.

 아, 그래서 19세기에 발표된 오페라에는 소프라노와 테너의 사이
를 완고한 구제도, 낡은 사회를 대변하는 바리톤이 갈라놓거나 죽이는
게 많구나. 순수한 사랑을 꿈꾸는 소녀가 방탕한 귀족과 그의 앞잡이 노
릇을 하며 세상에 대한 복수를 하던 아버지에게 희생되는 「리골레토」나
귀족 청년과 화류계 여성의 사랑을 그린 「라 트라비아타」처럼. 좋아, 시
민 비극의 배경은 이해하겠어. 그게 오페라에도 많은 영향을 줬겠지. 근
데 19세기부터 희가극이 점점 줄어들어. 희극 역시 정치적인 색을 띠는
데! 대놓고 조롱하는 것만큼 정치적으로 급진적인 것도 없잖아.

음, 시민 혁명 이후라서? 더 이상 조롱하고 희화화할 귀족이나 왕족이 없으니까?

무슨 소리야? 그건 영국이나 프랑스 얘기지. 오페라의 주무대였던 이탈리아나 독일은 달랐어. 베르디가 한참 활동할 때만 해도 이탈리아는 합스부르크가家의 손아귀에 놓여 있었다고. 그래서 「리골레토」나 「가면무도회」에서 왕을 악역으로 설정했다가 검열에 걸려 공작으로 바꾼 거라던데.

그래? 그건 나도 잘 몰랐던 얘긴데?

어쨌든 조롱하고 희화화할 대상은 여전히 많았어. 평범한 연인이 지체 높은 귀족을 골탕 먹이고, 사랑을 이루면서 재미와 정치적 조롱을 한꺼번에 할 수 있었다고. 그런데 왜 사랑도 정치적 공작도 성공하지 못한 채 죽음을 맞이하는 이야기가 유행했냐는 거야.

너 정말 예리하다. 학생들이 죄다 너처럼 질문하면 어떡하지? 상상만으로도 떨린다, 하하하.

웃지 마. 난 지금 심각하니까.

컴퓨터 화면으로 보이는 문자만으로 예니가 정색한 모습이 상상됐다. 윈이는 바짝 긴장하여 예니의 질문에 성의껏 대답했다.

 굉장히 어려운 질문이야. 그래도 가설을 한 번 세워 볼게. 중간에 내 얘기를 끊고 네 의견을 말해도 좋아.

알았어.

 일단 희극이 굉장히 지적인 장르라는 걸 염두에 둘게. 물론 엎어지고 자빠지고, 서로 외모를 비하하는 저질 코미디도 있지만, 내 생각에 유머란 논리가 바탕이 돼야 해. 찰리 채플린 영화가 높은 평가를 받는 건 영화에 나오는 동작이나 장면들이 논리적으로 설명이 가능해서니까.

응.

 논리적으로 착착 이어지는 상황 속에서 생각지 못한 엉뚱한 연출이 웃음을 터뜨리는 거야. 그런데 그렇게 생각하지 않는 관객들 앞에서라면 코미디는 끔찍한 공연이 되기 십상이지.

잠깐, 그렇게 생각하지 않는 관객들이라니?

이미 알고 있는 정보나 지식이 적고, 논리적으로 추론하는 것을 싫어하는 관객들 말야. 그들은 눈앞에 보이는 우스꽝스러운 모습이나 과장된 상황에서만 웃을 거야. 그런데 생각해 봐. 네 말대로 오페라 부파는 정가극 사이의 막간극이었어. 애초에 지적 수준이 높은 소수의 관객을 대상으로 한 거라고. 근데 19세기 들어서면서 관객층이 전보다 훨씬 크게 늘어났어. 더구나 크게 늘어난 관객들이 지적인 관객이란 보장도 없고.

 그래서 일반 관객의 수준을 맞추기 위해 비극을 선택한 거라고?

 응. 전에 비해 엄청 큰 시장이 생겼고 관객의 기호에 맞는 오페라를 올리면 훨씬 더 많은 돈을 벌 수 있으니까. 음악은 감정에 직접 작용하고. 음악으로 폭소를 터뜨리기는 어려워도 눈물바다를 만들기는 쉽잖아. 멜로드라마 OST의 인기가 좋은 것도 같은 심리지. 어쨌든 난 슬픈 음악이라는 말은 많이 들어 봤어도, 웃긴 음악이란 말은 못 들어 봤어.

 그렇네. 즐겁고 기쁜 음악은 들어 봤어도 우스운 음악은 좀 그런 것 같아. 연주하는 입장에서도 어떤 음악은 너무 기쁘고 어떤 음악은 연주하면서도 한 줄기 눈물이 눈가에 매달리는데, 막 웃음이 나오는 음악은 아직 못 해 봤어.

 웃음은 여러 가지 복합적인 조건에 의해 터져 나오는 거니까.

복합적인 조건이라…….

예니는 키보드를 치면서도 원이가 세운 가설을 입으로 따라 말했다.

웃음은 상황의 전후 맥락이 이어져야 나와. 대규모 공연을 기획하는 자본가 입장에선 머리를 써서 웃겨야 할 희극보다 최루성 스토리로 객석을 눈물바다로 만드는 게 쉬웠을걸. 근데 19세기에 들어 와 이탈리아의 경제 수준이 크게 떨어졌어. 이탈리아에서 활동하던 작곡가나 오페라단은 대규모의 자본과 청중을 동원할 수 있는 파리로 몰려갔지. 하지만 아무리 흡입력 있는 오페라라도 두 시간이나 울면서 볼 순 없잖아? 그래서 이런저런 화려한 볼거리를 집어넣은 '그랜드 오페라'가 나왔어. 어라? 음악 시간에 오페라의 종류로 그랜드 오페라, 희가극, 징슈필◆이라고 배웠는데, 그랜드 오페라가 제일 늦게 나온 거네.

굳이 따지자면 그랜드 오페라는 프랑스 판 정가극이야. 이탈리아랑 다른 게 있다면 대규모 합창, 무용으로 파티 장면이 잔뜩 나오는 거랄까? 이야기의 축은 남녀 주인공의 새드엔드이지만 공연 내내 우중충한 이야기만 할 수는 없잖아. 화려한 볼거리를 넣어 분위기를 전환해야지.

◆ 18세기 독일에서 유행한 민속 음악극.

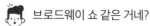 브로드웨이 쇼 같은 거네?

듣고 보니 그렇네. 19세기에 유행하던 오페라는 거대한 무대와 화려한 의상에다 풍성한 볼거리는 기본이야. 거기에 슈퍼스타들이 나와 호소력 있는 노래를 하는 순간 관객들은 눈물을 주룩주룩 흘렸지. 특히 이야기가 고조됐을 때 소프라노가 절정의 기교를 부리고, 클라이맥스에서는 테너와 함께 감정이 폭발해.

그렇다면 그랜드 오페라는 요즘 말로 대중 예술 같은 건가?

꼭 그런 건 아냐. 그랜드 오페라 중 지금까지도 공연되는 작품은 많지 않지만, 그럼에도 남아 있다는 건 그만큼 예술성을 인정받은 거니까 클래식이라고 봐야겠지. 근데 19세기 후반에 들어서면서 오페라가 시들해졌어. 그건 왜일까? 제작비 문제였을까?

유럽 사회의 변동 때문일 거야. 온 유럽으로 산업 혁명이 확산되면서 엄청난 변화가 일어났으니까. 그만큼 그 부작용도 심했고.

그래서 마르크스가 나온 걸까?

아마도? 당시에 상상을 초월하는 빈부 격차가 생겼거든. 말도 안 되게 비참한 삶을 살아가는 노동 계급이 있었다고. 그래서 이 현실을 문학과 예술로 폭로해야 한다는 주장이 나왔지. 제일 먼저 연극이 확 바뀌었어. 그 전까지는 운율을 살린 운문으로 극을 올렸는데, 일상생활에서 쓰는 말로 바꿔 버렸지. 오페라도 이런 흐름의 영향을 받지 않았을까?

 오빠 얘기를 들어 보니 사회상의 변화가 오페라에도 반영된 게 맞는 것 같아. 그래서 '현실파' 혹은 '사실적인 오페라'란 뜻의 '베리스모 오페라'가 나왔던 것 같고. 베리스모 오페라는 가난을 가리지 않아. 있는 그대로 적나라하게 보여 줘. 우스갯소리로 오페라가 가발을 벗었다고도 하지.

 아, 그런 게 있었구나.

 등장인물도 귀족이 아니야. 평민을 넘어 빈민으로 내려가지. 하지만 가난의 실상을 드러내려는 비판 의식이 있었는지는 잘 모르겠어. 마스카니는 정치적으로 급진적인 사람이지만, 푸치니는 글쎄…… 그저 친근한 등장인물을 내세워서 관객에게 다가서려고 했던 거 아닐까?

 그래?

 그러고 보니 아빠가 우리한테 주실 게 있다던데?

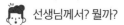 선생님께서? 뭘까?

말이 나온 김에 내일 우리 집에 올래?

그래도 될까?

원이는 설레는 마음을 안고 잠자리에 들었다. 그러나 다음 날, 아빠가 내민 선물을 받아 든 원이는 한숨을 푹 내쉬었다.

"곧 크리스마스니까 너희에게 크리스마스 선물을 주려고."

"어머, 정말요?"

"응, 괜찮은 발레 공연이 있으니 좋은 자리로 잡아 주마. 원래는 내가 예니랑 데이트를 할 셈이었지만, 자네한테 양보하지. 크리스마스에는 역시 발레지."

아빠가 또 자기만의 세상에 빠져 말했다. 그러다 어딘지 껄끄러워 보이는 원이의 표정을 보고 고개를 갸우뚱했다.

"아니, 자네 표정이 왜 그러나?"

"앗, 죄송합니다. 감사 인사를 드려야 하는데요. 솔직히 공부할 거리가 또 생겼구나, 하는 생각에 그만⋯⋯. 실은 지난밤 내내 오페라 공부를 한 참이라 머리에서 쥐가 날 지경이거든요. 최근 들어 롤러코스터를 타는 기분으로 음악회와 오페라에 연이어 가 봤는데, 발레 공연까지 더하려니 뇌 수술을 앞둔 기분이에요."

"하하하, 걱정 말게. 이 뇌 수술은 부작용이 없으니까. 일단 받고 나면 평생 누릴 수 있는 귀한 자산도 얻을 수 있지. 기왕 말이 나온 김에 발레 이야기를 해 볼까? 사회학과 연결하면 재밌을 걸세. 오페라나 발레나 기원이 비슷하거든."

"오페라는 노래고 발레는 춤인데 비슷하다고요?"

"고대에는 시와 음악과 무용이 하나였거든. 이걸 '원시 종합 예술'이라고 하는데, 그리스나 중국이나 우리나라나 다 마찬가지야. 지금도 원시생활을 하는 부족의 축제나 제사는 스토리가 있는 노래를 부르고 춤을 추면서 이루어지잖아?"

예니가 고개를 갸웃거리자 원이는 기다렸다는 듯이 한마디 덧붙였다. 그런 원이를 아빠가 무척 만족스러운 눈빛으로 바라봤다.

"하긴 대만이나 뉴질랜드, 괌에서 원주민 문화 공연이라고 하면 다 그런 거더라."

"고대 그리스 비극도 배우가 나와 노래하면서 춤을 추는 가무극이었을 거야. 중국의 경극이나 일본의 가부키도 노래하고 춤추면서 연기하잖아? 그러니 르네상스 때 고대 그리스 비극을 재연하려고 오페라와 함께 춤을 추며 연기하는 발레도 복원된 게 아닐까?"

"그런 거면 더 이상하잖아?"

예니의 질문에 아빠는 의미심장한 웃음만 지어 보일 뿐이다.

"만약 종합 예술이 고대 비극의 원형이라면 르네상스 때, 오페라와 발레는 한데 어우러진 종합 예술로 복원이 돼야 했어. 근데 왜 오페라만 나왔을까? 노래하면서 춤도 췄어야지. 안 그래?"

"그러네."

원이가 크게 한 방 맞은 얼굴로 말했다.

"아빠, 왜 그랬을까요?"

"유럽이 기독교 세계관을 지녔다는 것과 관계가 있지 않을까?"

아빠의 대답에 원이가 답을 찾았다는 듯한 표정을 지었다.

"아, 이제 알겠습니다. 기독교 교리는 육체적인 쾌락을 죄악의 근원으로 보니까요. 음률에 맞춰 시를 읊조리거나 노래하는 건 교회에서 받아들일 수 있었지만, 몸을 움직여 가며 춤을 추는 건 금지한 거예요. 찬송가는 있어도 찬송무는 없잖아요."

"아주 좋은 설명이야."

아빠가 '너는 시험에 합격했다.'라는 흐뭇한 표정을 지으며 말했다.

"18세기만 해도 교회는 무용을 금지하다시피 했네. 하지만 사람이 어디 근엄하게만 살 수 있나? 농민들은 축제 때마다 춤을 추었고, 왕이나 귀족들도 행사나 파티에 무용수들을 불러 볼거리를 제공했지. 다만 지금과는 엄격하게 다른 격이 있었네. 궁정의 춤은 춤이라기보다 무언극에 가까운 신체 표현이었거든. 당시 유럽에서 가장 부유했던 메디치가에서는 요리가 새로 나올 때마다 화려한 의상을 입은 무용수들이 그 요리의 유래를 알려 주는 무언극을 펼쳐 보였다고 하네."

"우아, 그 잔치 정말 볼만했겠어요? 완벽한 버라이어티 쇼잖아요?"

예니가 달뜬 목소리로 말하며 그 광경을 상상했다.

"그런데요."

예니의 환상을 흩어 버리며 원이가 끼어들었다.

"영화나 소설 같은 데 나오는 옛날 유럽 궁정의 파티 장면에서는 무용수가 아니라 군주와 귀족이 직접 춤을 추던데요?"

"궁중의 춤은 귀족으로서 꼭 알아야 할 필수 교양으로 여겼으니까."

원이의 질문에 아빠가 즉답했다.

"네? 그건 좀 이해가 안 가는데요?"

이번에는 예니가 자리에서 벌떡 일어나며 물었다.

"육체적으로 즐기는 쾌락을 죄악시했다면서요! 그런데 그게 필수 교양이라고요?"

"그야 흥에 겨워 추는 춤이 아니라 격식에 맞춰 움직이는 우아한 동작이니까. 말하자면 신체를 엄격하게 통제하고 아름다운 몸가짐을 익히는 과정이라고나 할까? 영화에 나오는 것처럼 남녀가 부둥켜안고 빙빙 도는 무도회는 19세기 이후의 일이야. 17~18세기 궁정 무용은 느릿느릿하고 우아한 몸동작이라고 볼 수 있지."

"그러고 보니 유교의 예법이란 것도 일종의 무용이나 신체 퍼포먼스 같은 거였다고 들었습니다. 일어서는 법, 앉는 법, 걷는 법, 계단을 오르내리는 법 등이 다 정해져 있었다고요."

원이가 아빠의 말에 힘을 실어 주었다.

"그렇네. 게다가 예禮는 항상 음악과 한 몸이었지. 예악禮樂이라고 불릴 정도였으니까. 심지어 그 동작들을 음악에 맞춰야 하니, 겉으로 보기에는 영락없는 무용이지."

"여보세요, 사회 선생님들."

예니가 날카로운 눈빛으로 두 사람을 차례로 훑어보며 말했다.

"발레는 언제 나오죠?"

"곧 나온다, 나와. 시계를 뒤로 쭉 돌려 보자. 르네상스 시대 유럽 최고의 가문이었던 메디치가의 카테리나 데 메디치가 앙리 2세와 결혼하여 프랑스 왕비가 될 무렵까지. 문화와 예술의 중심 이탈리아에서 '촌구석'인 프랑스로 시집 온 카테리나는 무척 답답했던 모양이야. 이탈리아에서 음악가, 무용수, 화가, 요리사 들을 잔뜩 불러들였거든. 그중 특히 무용에 적극적이었다고 하는데, 아마 본인이 무용수였기 때문일 거야. 여하튼 이탈리아에서 일류 무용수들을 잔뜩 데려와서 대규모 무용 공연을 개최했지. 프랑스 궁정에서 고상한 문명국가의 취향과 부를 과시한 거지. 그러다 루이 13세 때에는 리슐리외 추기경이 왕에게 직접 발레를 공연해 보라고 제안했어. 왕이 눈부신 의상을 입고 춤을 추면 귀족들의 경탄과 존경을 한 몸에 받을 수 있을 거라면서. 그의 생각은 루이 13세의 아들 루이 14세에 의해 실현됐고."

"아, '짐이 곧 국가다.'의 절대 군주 루이 14세!"

예니가 보란 듯이 소리 높여 말했다.

"그래, 바로 그 루이 14세. 루이 14세는 역사상 가장 유명한 발레리노기도 해. 열세 살 때 데뷔해서 스물일곱 편의 발레에 주역으로 캐

스팅됐지. 그중 가장 유명한 작품이 「밤의 발레Ballet de la Nuit」야. 이 극에서 '태양왕' 역을 맡았는데, 이게 나중에 그의 별명이 됐어. 루이 14세도 이탈리아 예술가들을 잔뜩 불러들였어. 극작가 몰리에르, 안무가 보샹, 작곡가 륄리가 이탈리아 출신이지. 아, 루이 14세의 발레 사랑은 1672년에 왕립무용학교를 설립하면서 절정에 이르렀단다. 왕립무용학교에서 발레의 여러 가지 동작과 기술을 정비했거든. 이렇게 체계화된 기술이 전문 무용수들을 길러 내는 데 큰 도움이 됐고. 그럼 여기서 질문을 해 볼까? 발레가 그 기원에서부터 일반적인 무용과 분명히 구별되는데, 어떤 점이 다를까?"

"일단 춤보다는 연극에 가깝다는 것이죠. 하지만 그건 원시 부족의 춤에서도 볼 수 있는 것 아닙니까? 원시 부족에서는 종교 의식이나 주술을 외울 때, 신과 악마가 싸우는 모습이나 조상의 무용담을 춤으로 구현하니까요."

원이가 주저 없이 대답했다.

"그렇지. 하지만 그것만으로는 구별이 안 되네."

이번에는 예니가 나섰다.

"처음부터 왕실이나 귀족의 저택에서 출발했다는 점이 달라요. 흥에 겨워 추는 춤이 아니라 몸가짐을 우아하게 만드는 격식에서 비롯됐으니까요. 클래식이 교회와 궁정 음악에서 출발한 것처럼 발레 역시 고위층 예술이었어요."

"그래, 맞아. 루이 14세가 전문 무용수들을 양성함으로써 직접 하는 예술이 아니라 보는 예술로 바뀌었지만. 어쨌든 발레는 무대 공연용이 아니라 궁정에서 귀족들이 직접 참여하는, 신분 높은 예술에서 출발했어."

"그런데 참 아깝네요."

원이가 고개를 가로저었다.

"그렇게 공들여 무용가들을 양성했는데, 궁정 행사나 몇몇 귀족들만 본다는 게 말이에요. 사회적 낭비 아닌가요?"

"루이 14세도 자네와 같은 생각이었어. 그래서 자신이 양성한 무용수들을 대중에게 선보일 공연을 올리기로 한 거야. 이것이 파리 오페라 극장의 시작일세. 1760년에는 무용가 노베르가 '발레는 춤으로 표현하는 연극이다.'라며 '발레 닥시옹'이란 형식을 창안했는데, 프랑스 혁명이 일어나면서 모든 게 바뀌었네. 왕실의 후원이 사라져서 일반 대중들이 내는 관람료만으로 살아남아야 했거든. 돈 많은 후원자를 찾든가."

"작품도 바뀌었겠네요? 고객의 취향을 고려해야 하니까."

예니가 집게손가락을 광대뼈에 살짝 올려놓았다.

"맞아. 제일 먼저 의상이 바뀌었어. 궁정 무용에 어울리는 무겁고 격식 있는 복장에서 얇고 몸매가 잘 드러나는 얇은 옷으로 바뀌었지. 궁정에서 공연할 때는 고대 그리스 비극의 전통을 따른다며 가면을 쓰는 경우도 많았는데, 이것도 없어졌지. 또 요정처럼 보이게 만드는 하얀 레이스 장식 같은 것들이 잔뜩 붙었고."

"세상에, 너무 노골적인데요."

원이가 기겁했다.

"대중이 보고 싶어 했던 것은 아름다운 무용수들이지, 우아하고 고상한 신체 표현과 연극이 아니었으니까. 발레 닥시옹의 비중은 점점 줄어들었네. 무용수들의 솔로 무대와 남녀 무용수가 함께 추는 파드되*의 비중은 늘어났고."

"왕실이 무너졌으니 돈을 내고 온 사람들이 원하는 걸 보여 준 건가요. '손님은 왕'이라서요? 참 허탈하네요. 시민 혁명은 왕을 없앤 것이 아니라 돈 받고 왕을 파는 결과가 되었네요."

원이가 맥 빠진 목소리로 말했다.

"자네 말이 맞아. 19세기 초반 체리토Fanny Cerrito, 그란Lucile Grahn, 그리지Carlotta Grisi, 탈리오니Marie Taglioni 같은 발레리나가 등장하면서 이들을 얼마나 돋보이게 만드느냐가 작품의 성패를 갈랐지. 관객들은 심오한 이야기나 동작을 보려고 그 비싼 돈을 낸 게 아니니까. 그들은 아름다운 무용수들을 보러 왔거든. 작가는 이들이 가장 두드러질 수 있는 이야기를 만들어 내야 했지. 작곡가는 이들에게 가장 잘 어울리는 음악을, 안무가는 이들을 가장 아름답게 보이는 동작들을 구상했고. 그러니 스토리는 춤을 추기 위한 구색 정도로 단순해졌네. 예니는 「지젤」을 많이 봤으니 잘 알지? 네 생각에 「지젤」이 환

◆ 발레에서 두 사람이 추는 춤.

상적이고 아름다운 이야기든?"

"아뇨. 이야기보다는 발레를 보러 갔죠."

"어디 「지젤」뿐인가? 「돈키호테」, 「해적」, 「고집쟁이 딸」, 「레이몬다」 등 19세기에 나온 발레 줄거리는 대체로 유치한 통속극이야. 누가 얼마나 춤을 잘 추는지가 중요하지. 그나마 지금까지 공연되는 작품들은 호소력 있는 스토리들이란다."

"그래서 발레 줄거리에 잔치 장면이 많이 나오는군요. 이야기가 나가다가 갑자기 마을에 잔치가 열리고, 남녀 주인공의 사랑이 결실을 맺으면 또 결혼식 잔치가 열리고."

예니가 큰 발견이라도 한 듯 덧붙였다.

"그렇지. 잔치를 넣어야 줄거리와 상관없이 이런저런 춤과 볼거리를 내놓을 수 있으니까."

"그럼 그냥 쇼잖아요?"

예니가 고개를 가로저으며 어이가 없다는 표정을 지었다.

"춤을 추기 위한 배경 설명쯤으로 이야기를 넣는 거니까. 19세기 프랑스에서 유행했던 발레는 대부분 이렇게 요약할 수 있어. 남자 주인공이 마을 잔치에 나타나는 1막, 마을의 소문난 미인인 여자 주인공과 남자 주인공이 첫눈에 반해 사랑에 빠져 파드되를 추고, 그 둘의 사이에서 일어나는 장애물과 연애의 에피소드를 담은 2막, 두 사람의 결혼식을 보여 주는 3막, 마지막으로 두 주인공의 화려한 파드되로 마무리."

"슬슬 질리네요. 유치하기도 하고요."

원이가 손을 내저으며 말했다.

"이런 걸 매너리즘*이라고 하지. 더욱이 발레리나에 의지해서 스토리를 짜다 보니 발레리노의 역할은 거의 사라졌어. 발레리나가 잡고 서는 기둥이냐는 놀림도 받았다네. 대중들도 점차 발레보다 오페라에 관심을 보였고. 결국 발레는 종주국 프랑스를 떠나 러시아로 옮겨 갔어."

"프랑스에서 러시아로요? 너무 갑작스러운데요?"

예니가 깜짝 놀라 물었다.

"러시아에는 마리우스 페티파**가 있었거든. 그는 이전까지 발레리나 중심이었던 것에 발레리노의 역동적인 춤을 보강했어. 스토리도 다양하고 드라마틱하게 연출했지. 흥미진진한 내용에 무용이 더해진 종합 예술로 발전시켰지. 그래서 지금까지 공연되는 발레 작품은 대부분 러시아 고전 발레야. 너희가 보게 될 「호두까기 인형」을 비롯해서 「백조의 호수」, 「잠자는 숲속의 미녀」, 「로미오와 줄리엣」 같은 작품 말이지."

"저도 들어 본 작품들이네요."

"그렇지? 다양한 소재를 드라마틱하게 다루다 보니 음악에서도 전보다 훨씬 섬세한 표현력을 요구했고, 당대의 작곡가들은 너도 나

◆ 틀에 박힌 일정한 방식이나 태도를 취함으로써 신선미와 독창성을 잃음.
◆◆ 19세기 러시아의 무용가이자 안무가. 러시아 고전 발레 발전에 큰 영향을 끼쳤다.

도 발레 음악을 남겼지. 차이콥스키나 프로코피예프도."

"러시아 출신의 남자 무용수가 많았던 이유가 있었네요."

원이가 고개를 끄덕이며 혼잣말처럼 말했는데, 그걸 아빠가 놓치지 않았다.

"자네도 뭘 좀 아는군. 그럼 우리 DVD로 발레나 볼까? 예습 삼아?"

오늘도 원이는 집에 일찍 가기는 틀린 모양이다.

{ 선생님, 기독교 교리가 예술에
어떤 영향을 미쳤는지 알고 싶어요! }

기독교는 현세보다 내세를 더 중요하게 생각한다네. 기독교의 궁극적인 목적은 구원을 받아 천국에 가는 것이지 현세에서 잘 사는 것이 아니니까. 현세는 원죄로 에덴동산에서 쫓겨난 인간이 걸머져야 할 일종의 짐이자 저주였지. 그래서 기독교는 인간을 신체와 영혼으로 구별한다네. 그중 신체는 현실 세계를 살아가는 도구이자 죽어 천국에 들어갈 영혼을 죄악에 빠지게 만드는 유혹의 원천이라고 했고.

기독교가 삶의 모든 영역을 지배하던 중세 시대에는 신체의 즐거움을 추구하는 행위가 금기시됐지. 신체를 즐겁게 한다는 것은 유혹에 넘어간다는 것이니 영혼의 구원을 방해한다고 생각한 거야. 따라서 감각 기관을 즐겁게 하는 예술은 철저히 통제됐네. 교회는 기독교 교리를 전달하는 데 도움이 되거나 신의 영광을 높이고 신앙심을 복돋우는 용도로만 예술 활동을 허용했고. 예컨대 미술이 발달한 건 교회를 신비롭고 찬란하게 장식하기 위함이었어. 미사나 각종 전례를 신성하게 올리기 위해 음악이 발전한 거야. 문학이나 연극은 신앙심을 높이는 교훈을 전달하는 데에 초점을 맞췄지. 문맹이 많았던 시대라서 농민들에게 기독교 교리를 전달하는 시청각 교재로써 각종 성화나 성상을 제작했네. 그뿐이 아니지. 성경 이야기를 연극과 노래로 전달하는 성가극 등이 권장되었네.

이러한 작품들은 교리를 얼마나 효과적으로 전달하느냐에 따라 평가받았을 뿐 예술성으로 평가되지는 않았어. 오히려 예술성이 극대화된 작품일수록 교회의 지적이 많았네. 주객이 전도되어 사람들이 신앙이 아니라 작품 그 자체를 즐기게 될까 걱정했던 거야.

07

또 다른 나

**알반 베르크,
오페라「보체크」**

1925년에 발표된「보체크」는 기존의
오페라 형식을 송두리째 뒤집었다. 등
장인물이 현실과 환상을 오가며 개연
성 없는 대사를 이어 가는데 꼭 집단으
로 하는 독백 같다. 또 오페라인 만큼
노래로 대사를 외우지만, 노래라고 느
껴지지 않을 때도 있다. 오케스트라도
노래를 받쳐 주기는커녕 '바이올린 소
리가 들려.'라는 대사가 나오면 바이올
린 소리를 일부러 배제시켜 무대를 방
해한다. 관객은 무대에서 일어나는 상
황에 불편해지고 무대 위의 상황이 현
실인가 환상인가 하는 의문을 품다가,
작품 막바지에는 현실에 대한 고찰을
하게 된다.

"왜 그래? 뭐 잘못 먹었어?"

얼굴을 잔뜩 찌푸린 원이를 보고 예니가 걱정 반, 놀림 반으로 물었다.

"아니. 잘못 먹은 건 없는데, 잘못 들은 건 있어."

"뭔데?"

"바흐의 심포니라고 해서 장엄하고 진지한 음악이 나올 거라고 기대했는데 너무 가벼워서. 꼭 동요처럼 낭창낭창하게 흐르다 맥없이 끝나는 음악이 나오잖아. 심포니는 음악회의 꽃 아냐? 더군다나 바흐인데?"

"대체 뭘 들은 거야? 그러니까 이건, 아이고 맙소사. 내가 못살아, 아하하하하."

원이가 들고 있던 시디에 어떤 음악이 들어 있는지 유심히 살펴보던 에니가 갑자기 웃음을 터뜨렸다. 에니의 웃는 모습은 언제나 봐도 예쁘고 귀여웠지만, 오늘은 놀림을 당하는 것 같아 기분이 좋지 않았다.

"어머, 미안."

정색한 원이의 얼굴을 보고 에니가 웃음을 뚝 멈추었다.

"왜 웃었는지 이유나 말해 줘."

"알았어. 이게 바흐 작품이 맞기는 한데, 이 바흐는 요한 크리스티안 바흐야. 흔히 바흐라고 부르는 요한 제바스티안 바흐가 아니라 그의 아들이라고."

"아들? 그럼 말이 더 안 돼. 한 세대가 지났는데 음악이 퇴보했잖아. 아버지보다 앞서 나가야지, 이건 뭐…… 단순하기 짝이 없어. 꼭 동요 같아."

"오빠 근엄하고 복잡한 음악이 경쾌하고 간결한 음악보다 더 훌륭하다는 전제로 말하는 것 같은데, 그게 꼭 그렇지 않아. 아들 바흐의 음악이 가볍고 간결한 건 아버지만 못하거나 퇴보해서가 아니야. 그 시대의 음악 어법이 그랬기 때문이지. 하이든이나 모차르트도 아버지 바흐와 비교하면 단순하고 가볍게 만들었잖아. 그럼 그들이 바흐보다 못해서 그런 걸까? 그건 아니지."

"에니야, 잠깐만. 음악 어법이라니?"

원이가 무슨 소린지 모르겠다는 듯이 반문했다.

"연극에도 있잖아? 셰익스피어가 활동한 시대의 연극 대사를 보면 죄다 시야. '운명이 나를 희롱하는구나!'라거나 '아, 칼아! 내가 네 칼집이 되어 주마!' 같은 거. 그런데 요즘 연극에서 그런 대사가 나오면 어떨까? 다들 '웬 신파야?'라고 할걸? 음악도 마찬가지야. 시대마다 유행이 있고, 그 나름의 어법이 있었어."

"그러니까 네 말은 아버지 바흐 시대와 아들 바흐 시대의 '잘 만들어진' 음악 기준이 달랐다는 거지?"

"응, 아버지 바흐 시대에는 경건하고 장엄하고, 기술적으로도 복잡한 음악이 좋은 음악이었어. 대위법이나 화성학을 어렵고 복잡하게 써서 만든 오묘하고 지적인 음악. 그래서 음악가나 음악에 대해 조예가 깊은 귀족끼리 들으면서 감탄할 수 있게끔 했지."

"그럼 아들 바흐 시대에는?"

"아들 바흐 시대에는 어두운 단조보다 밝은 장조, 친근하고 단순한 멜로디, 빈번하게 바뀌는 기묘한 화성보다는 명확하고 조화로운 화성으로 이뤄진 걸 좋은 음악으로 여겼지. 그러니 오빠 말마따나 동요 같을 수도 있겠다."

"앗, 네 말을 듣다 보니 딱 떠오르는 인물이 있어. 장 자크 루소!"

원이가 예니의 말을 받아쳤다.

"루소?"

"아버지 바흐 시대는 절대 왕정이 한창이고 종교의 힘이 강하던 시절인 만큼 교회와 왕실이 음악가의 고용주이자 고객이었지. 교회는 경건하고 오묘한 느낌을 주는 음악을, 왕실은 왕권을 과시할 장엄하고 화려한 음악을 선호했을 거야. 한마디로 왕궁의 음악과 교회의 음악, 맞지?"

"맞아. 오빠가 말한 왕궁의 음악과 교회의 음악을 대표하는 작곡 가로는 장 필립 라모♦와 하인리히 쉬츠♦♦가 있고, 게오르크 헨델과 요한 제바스티안 바흐가 그 뒤를 이었어. 이들은 화성을 결정하는 통주저음♦♦♦ 악기와 서로 대위법적으로 모방하는 두 개 이상의 성부로 이루어진 복잡한 기법을 사용했어. 각 성부가 서로 모방할 뿐 아니라 화성을 통해 통일성을 가지고, 화성의 변화에 따라 기승전결 식으로 발전하지. 이걸 단순한 동기에서 시작해서 점점 발전해 나간다고 해서 '실뽑기 기법'이라고 하는데, 바로크 음악의 기본이 되고……."

"그만! 머리가 뒤죽박죽이야. 네가 지금 무슨 말을 하는 건지 전혀 모르겠어."

"하긴, 이걸 간단하게 설명할 수는 없지."

"그래, 복잡하고 어렵다. 바로 그게 문제였어!"

원이가 이제야 답을 찾았다는 듯이 소리를 질렀다.

"18세기 중반 들어서면서 왕궁과 교회뿐 아니라 일반 귀족이나

♦ 바로크 시대의 프랑스 궁정 작곡가.
♦♦ 독일의 작곡가. 프로테스탄트 교회 음악을 많이 작곡했고, 바로크 시대 독일 음악의 기초를 닦았다.
♦♦♦ 주어진 숫자가 달린 저음 위에 즉흥적으로 화음을 보충하면서 반주 성부를 완성하는 기법으로 '숫자표저음'이라고도 한다.

성공한 부르주아도 음악을 가까이했어. 근데 이들은 자신들의 권위를 과시하고 다른 사람들을 위압할 필요가 없었지. 즐길 수 있는 음악이 필요했으니까. 그러니 제아무리 바흐의 아들이라고 해도 아버지와 같은 길은 걸을 수 없었을 거고."

"우아, 혼자서도 잘 알아가네? 그런데 아까 루소라고 했잖아? 이게 루소하고 어떤 관계가 있어?"

"루소가 남긴 말 중 가장 유명한 말을 떠올려 봐."

"자연으로 돌아가라."

"내가 음악을 많이 들어 본 건 아니지만, 네 설명으로 추측해 보자면 루소한테 바로크 음악은 자연스럽지 않았어. 대위법이라던가, 실뽑기라던가 죄다 인위적이고 복잡해. 인간의 손을 탈수록 문화가 더 타락한다고 믿었던 루소에게 바로크 음악이야말로 타락의 증거였겠지. 더구나 왕궁과 교회 같은 앙시앵 레짐을 위해 봉사하는 거고."

"아, 그렇구나. 확실히 18세기 후반의 음악은 바로크 음악보다 훨씬 단순해. 듣자마자 콧노래로 따라할 수 있을 만큼 직관적이지. 연주 기술이 퇴보한 게 아니라면, 작곡가가 일부러 더 쉽고 단순하게 들리는 곡을 쓴 거야!"

원이가 고개를 끄덕였다.

"이제야 왜 음악이 더 단순하고 가벼워졌는지는 충분히 이해했어. 그런데 교향곡은? 내가 알고 있는 그 장중하고 거대한 교향곡과 너무 다른 이 짤막하고 촐랑대는 교향곡은 어떻게 된 거지?"

"아, 그건 '심포니'가 그 시대에 쓰인 의미와 지금이 달라서 빚어진 오해야. 심포니는 '다양한 음이 함께 울린다.'는 뜻의 그리스어에서 유래했어. 18세기 이전에는 요즘 같은 오케스트라가 아니라 두 개 이상의 악기가 연주하는 걸 '신포니아Sinfonia'라고 불렀지. 건반 악기 하나로 연주해도 성부가 둘 이상이면 신포니아라고 했어. 그런데 이탈리아에서 어떤 공연이나 행사의 시작을 알리는 음악을 '신포니아'라고 한 거야. 연극이나 오페라가 시작되기 전에 말야."

"그건 서곡이지 않나? 서곡은 '오버추어'라고 하고."

"오버추어는 프랑스에서 주로 썼던 말이고, 이탈리아에서는 신포니아라고 했어. 어차피 우리말로 옮기면 서곡이란 뜻이니까."

원이는 예니가 또 음악적으로 심오한 얘기를 꺼내기 전에 얼른 화제를 바꾸었다.

"그럼 어쩌다가 심포니가 연주회의 메인이 됐을까?"

"난 첼리스트지 역사가가 아니라 잘 모르겠는데?"

예니가 원이를 놀리듯이 뜸을 들이더니 곧 이야기를 이어 갔다.

"우리가 흔히 생각하는 연주 시간은 20분이 넘고, 음악회의 한 꼭지를 차지해. 수많은 악기가 동시에 연주하는 교향곡은 아들 바흐와 비슷한 또래였던 하이든이 일궈 낸 거야."

"맞아, 음악 교과서에 하이든이 '교향곡의 아버지'라고 했거든. 근데 난 그게 늘 궁금했어. 하이든이 대체 뭘 어쨌길래 아버지야? 교향곡은 훨씬 전부터 있었잖아?"

"오늘날 흔히 생각하는 교향곡의 형식을 완성했으니까. 30분을 넘나드는 장대한 규모, 현악 5부와 관악 4부를 포함하여 수십 명의 연주자들로 이루어진 대규모 악단의 위력적이고 풍부한 음향, 그리고 무엇보다 오페라나 행사와 무관하게 독자적인 주제를 가진 독립된 악곡으로서의 교향곡. 그밖에도 하이든은 지역이나 작곡가별로 제각각이던 교향곡의 표준 형식을 만들었어."

  "지역이나 작곡자별로? 그건 처음 듣는 이야긴데?"

  "1악장에서 느리고 장중하게 시작해서 빠르고 경쾌한 소나타로 이어지는 건 프랑스식, 느리고 서정적인 가요형 형식으로 만든 2악장이랑 미뉴엣 같은 무곡이 주를 이루는 3악장은 이탈리아식이야. 그리고 론도 혹은 소나타 형식으로 빠르게 연주하는 4악중으로 곡을 마무리해. 이런 4악장 구조는 이후 교향곡의 기준이 되어 20세기의 쇼스타코비치*나 프로코피예프의 교향곡에서 사용됐어. 모차르트도 처음에는 이탈리아 서곡 형식을 확장한 가벼운 교향곡을 쓰다가 하이든의 영향을 받은 뒤에는 교향곡에 심취했어. 모차르트도 하이든의 영향을 받은 거야. 하이든을 충분히 공부하고 소화하고 나서야 제대로 된 교향곡을 쓸 수 있었으니까."

  원이는 음악의 역사를 술술 내뱉는 예니가 놀라웠다. 아니, 놀라움을 너머 존경심마저 일었다.

◆ 러시아의 작곡가.

"아하! 그래서 하이든의 제자이자 모차르트의 음악을 독학했던 베토벤이 이 선배들의 유산을 융합하고 발전시킨 거구나."

"그렇지. 애당초 오페라에는 자신이 없었고, 청각 장애가 있어 피아니스트로 활동하기도 어려웠거든. 어쨌든 베토벤의 영향력이 커지면서 자연스럽게 음악회의 주요 레퍼토리로 교향곡이 자리 잡게 된 거야. 그리고 보면 오빠는 뭐든 참 잘 배운다. 앞으로 훌륭한 선생님이 될 테지만, 훌륭한 학생이기도 하네."

"그야, 가르침과 배움은 한 몸이니까."

원이가 우쭐해하며 대답했다.

"그럼, 지금부터 각 시대별 심포니를 들으면서 어떻게 바뀌었는지 알아볼까?"

"좋지. 하이든은 들었으니까 그다음부터 들어보자."

"좋아."

예니가 시디를 고르기 시작했다.

"교향곡을 듣고 또 음악회에 다니다 생각한 건데, 클래식은 민주주의와는 거리가 먼 것 같아."

"응? 갑자기 왜?"

원이의 엉뚱한 질문에 음악을 들으며 책을 읽고 있던 예니가 고개를 들었다.

"오케스트라에서 지휘자가 독재한다는 생각, 안 들어?"

그 말을 하는 원이의 눈빛이 자못 정의감에 불타올랐다.

"영광도 독차지하고, 개런티도 제일 많이 받고. 어떤 지휘자는 오케스트라 연주자들이 받는 개런티를 모두 합친 것만큼 받는다면서?"

"맞아. 그런 경우도 있어."

"그런데 지휘자가 그 정도의 가치를 구현하는 사람일까? 오케스트라 단원 전체와 맞먹거나 더 클 정도로? 실제로 악기를 연주하는 건 아니잖아. 음표 하나 소리 내는 것도 없고."

"그렇긴 해. 하지만 연주자들도 각자 자기 파트를 연주할 뿐이야. 여러 파트가 모여 전체의 작품을 연주하는 건 아니거든. 전체로서의 작품은 어디까지나 지휘자의 소관이지. 만약 지휘자가 없다면 오케스트라 연주자들은 자기가 무엇을 연주하고 있는지 모른 채 연주하다가 불협화음만 낼걸?"

예니가 차근차근 설명했지만 원이는 전혀 이해가 되지 않는 듯한 표정이다.

"그래도 그렇지, 여러 파트가 융합되어 만들어지는 전체 음악을 지휘자가 독점하다니, 너무한 거 아냐? 지휘자는 조율하고 서로 조화를 이루는 역할을 하는 사람이지, 음악을 만드는 사람이 아니잖아? 그런데도 '사이먼 래틀의 베를린 필하모닉 오케스트라' 혹은 '금난새의 성남시립예술단'이라고 말하잖아."

"오빠……."

어쩐지 예니의 목소리에 힘이 실려 있었다. 원이는 긴장한 티를 감추며 예니를 빤히 바라봤다.

"그런 식이라면 영화감독이나 연극의 연출도 마찬가지 아닐까? 리들리 스콧 감독의 「블레이드 러너」라고 소개하지만, 영화 속에서 리들리 스콧 감독은 대사 한 줄 말한 적 없어. 카메라 한 번 잡아 보지 않았을걸. 연극도 그렇고?"

"그야, 물질적으로 구현되진 않았어도 상영되는 영화나 연극은 감독이나 연출의 머릿속에서 완성된 거니까."

"지휘자도 마찬가지야!"

원이의 반론에 예니의 목소리에도 힘이 더 들어갔다.

"응?"

"오케스트라 음악도 여러 악기가 함께 연주해서 만들어지는 소리니까, 각각의 연주자는 합쳐진 소리에 대한 권리가 없어. 지휘자는 총보를 보면서 최종적으로 어떤 소리로 만들어질지 그려. 연주자는 그가 그린 그림에 따라 연습하면서 소리를 만들어 가고. 그러니까 오빠가 생각하는 것처럼 공연장에서 인상을 팍 쓰고 팔이나 흔들어 대

172

는 사람이 아니라고! 영화감독이나 연극 연출은 작품이 상영되거나 상연될 때 스크린과 무대에서 사라지지만, 지휘자는 무대에 끝까지 남아 연주자와 청중 사이에서 공연을 책임진다니까!"

점점 흥분하여 목소리가 커진 예니의 기세에 원이가 깜짝 놀랐다.

"아, 알았어. 네 말이 맞아. 난 지휘자의 역할을 부정하는 게 아니야. 다만 지휘자가 단원들에 비해 압도적인 지위를 누리는 것이 타당한가, 그 배경이 음악적이기만 할까 의문이 들어 물어본 거야."

"그래서 오빠 생각은 어떤데?"

"난 아무래도 모르겠어. 그래서 급히 찾아봤더니, 아도르노가 이야기를 한 게 나오더라."

"아도르노가? 세상에, 아도르노가 뭐라 그랬는데?"

"간단히 정리하면 수십 명의 연주자가 지휘자의 지휘 아래 일사불란하게 움직여 연주하는 모습을 보고 지휘자의 손이 마법의 손처럼 느끼게 하는 건 관객을 향한 기만이래. 지휘자의 표정과 액션에 따라 오케스트라의 소리가 저절로 따라 바뀌는 것 같은 착각을 심어 준다고. 실제로는 지휘자의 눈빛과 손끝에서는 아무것도 만들어지지 않고, 연주의 질은 그가 청중 앞에서 부리는 요술과 관계없다고 했어. 실제로 블라인드 테스트를 해 본 결과도 있대."

"진짜? 결과는 안 봐도 뻔해. 유명 지휘자가 연주한 건 눈을 가린다고 모를 리 없으니까!"

"정말 그렇게 생각해? 안타깝게도 유명 오케스트라는 누가 지휘하건 음악의 질이 달라지지 않았어. 심지어 아마추어 지휘자가 나섰는데도 연주의 질은 거의 똑같았지. 그렇다면 지휘자는 오케스트라에서 있으나 마나 한 존재가 아닐까?"

"그건 아도르노가 오케스트라 단원으로 연주해 본 적이 없어서 하는 말일 거야. 실제로는 그렇지 않아."

예니가 고개를 가로저었다.

"지휘자가 연주회에서 팔을 휘젓는 것만은 아니니까. 연주회 당일보다 작품을 연습하는 과정에서 지휘자의 역할이 더 중요하니까. 오케스트라는 수십 명의 연주자가 제각각 연주하는 동시에 하나의 소리를 만들어 내야 하니까. 누군가 소리의 합을 기획하고 조율하지 않으면 굉장한 소음이 되고 말 거야. 그러니 연습 과정에서 이 소리의 합을 만들고 다듬는 사람이 필요한데, 그게 바로 지휘자야. 연극으로 치면 연출이라고나 할까? 이를테면 한 달 동안 마리스 얀손스♦과 연습한 오케스트라를 연주회 당일에 사이먼 래틀이 와서 지휘한다고 해 봐. 그 연주가 사이먼 래틀이 생각한 연주로 완성될까? 아닐 거야. 그 오케스트라는 마리스 얀손스의 연주가 될 거야."

"그건 나도 인정."

말은 이렇게 해도 원이가 여전히 고집을 부리며 말했다.

"하지만 이건 또 어떻게 설명할래? 지휘자 혼자 이 도시, 저 도시

♦ 러시아 출신의 라트비아 지휘자.

다니면서 단 며칠 오케스트라 지휘하고 엄청난 개런티 받아 가는 거. 이를테면 세계적으로 유명한 지휘자가 와서 일주일간 무명의 오케스트라와 두어 번 협연하고 가는 경우 있잖아. 그때마다 엄청난 개런티를 챙기고. 아마 오케스트라 단원의 연주비를 다 합친 것 이상을 받을 거야. 그럼 그 지휘자가 며칠 동안 오케스트라를 조율해서 자기 음악으로 만들어 선보이는 걸까? 일종의 스타 마케팅은 아닐까? 삼류 오케스트라도 유명 지휘자가 지휘하면 전과 다른 연주를 펼칠 것이라는 마법에 대한 기대인가? 아님 지휘자 이름값에 기댄 티켓 판매? 네 말대로라면 그런 마법은 일어날 수도 없는데?"

"그래서 오빠가 하고 싶은 말이 뭐야?"

"지휘자가 오케스트라에서 중요한 역할을 담당하는 건 맞지만, 대중에게 비친 지휘자의 위상과 인기는 실제를 훨씬 넘어서는 이미지일 뿐이라고. 그 이미지가 관객 동원력, 말하자면 상품성의 대가인 개런티로 나타나는 거고."

"왜 그런 일이 일어날까?"

예니가 고개를 갸우뚱하며 혼잣말처럼 말하자 원이가 자신의 생각을 덧붙였다.

"사실 거기까진 잘 모르겠어. 다만 아도르노는 산업 혁명으로 이뤄진 근대 산업 사회, 그 뒤를 이어 나온 대중 사회에 요인이 있다고 봤어."

"또 산업 혁명이야?"

"하하, 그러게. 여하튼 대량 생산이 이루어지고 대도시가 생기면서 음악회의 규모가 커지고, 수천 명의 청중이 모여드는 거대한 공연장이 생겼어. 그 공연장에 소리를 가득 채우려면 오케스트라의 규모는 전보다 더 커져야 했지. 결국 100여 명에 이르는 연주자들이 눈빛으로 호흡을 맞춰 가기는 어려운 상황이 된 거야."

"그래서 지휘자가 생긴 거다?"

예니가 여전히 의심스럽다는 목소리로 물었다.

"응, 연주자들의 연주를 조합하여 음악으로 만들어 내는 역할을 외부의 힘에 넘긴 거야. 그 결과 연주자들은 전체 연주를 만드는 과정에서 소외되고, 맡겨진 부분을 주어진 지시에 따라 연주하는 존재가 되고 말았지. 자신의 제품 전반에 대해 권리를 가지고 있었던 장인이나 기술자가 대량 생산과 분업 체제의 도입으로 세분화된 작업만 반복하고 제품 전체에 대한 권한을 상실한 노동자가 되어 버린 것과 같달까? 이건 오케스트라에서 연주해 본 적 있는 네가 나보다 더 잘 알 것 같은데?"

"이제야 오빠가 하고 싶은 말이 뭔지 알겠어."

그제야 예니가 고개를 끄덕였다.

"실제로 오케스트라 연주자들은 서로의 연주가 하나로 어우러진 걸 제대로 들을 수가 없어. 아니지, 자기가 내고 있는 연주 소리도 제대로 듣기가 어려워. 내가 잘하고 있는 건지 판단할 수 있는 사람은 전체가 어우러진 소리를 들을 수 있는 지휘자와 청중뿐이야."

"네 말을 듣다 보니 연주자는 노동자, 지휘자는 자본가나 경영자 같다."

"어떤 점에서?"

"지휘자는 오케스트라에서 유일하게 직접적인 노동, 즉 연주를 하지 않잖아? 마찬가지로 현장에서 한발 떨어진 곳에서 모든 노동자들을 바라볼 수 있는 경영자처럼 지휘자도 관객과 같은 방향에서 연주자들을 바라보잖아."

"역시 지휘자가 최고인 건가? 나도 첼로 때려치우고 지휘 공부나 할까? 하긴 아르농쿠르 같은 지휘자도는 첼리스트였다."

부루퉁하게 말하는 예니를 원이가 귀엽다는 듯이 바라보며 한마디 더 건넸다.

"그치만 노예와 주인의 변증법을 생각해 봐. 지휘자가 꼭 제일 좋은 자리는 아닐걸."

"변증법? 혹시 헤겔*이 말한 변증법?"

"그래. 노예는 노동을 하지만 자신의 노동 결과로부터 완전히 소외돼 버려. 그럼 주인은 행복할까? 그것도 아냐. 주인은 노동의 결과를 얻지만 노동이 주는 직접적인 즐거움은 느낄 수 없으니까. 자연과 직접 부딪쳐 인간성을 실현하는 일을 노예라는 미천한 존재를 통하

◆ 독일의 철학자. 독일 관념론의 완성자로서 자연, 역사, 정신의 모든 세계는 끊임없이 변화하고 발전하여 가는 과정이며 이는 정반(正反), 정반합(正反合)을 기본 운동으로 하는 관념의 변증법적 전개 원리로 설명할 수 있다고 주장했다.

지 않으면 할 수 없는 처지가 돼 버리지. 지휘자도 마찬가지야. 화려하게 움직여 지휘봉을 휘둘러 봐야 아무 소리도 나지 않아. 연주자를 통하지 않으면 음악적 실현을 할 수가 없어. 연주자들도 악보에 맞춰 연주한들 연주가 끝난 뒤 영광을 지휘자에게 빼앗기잖아."

"하긴 그런 면이 없진 않지. 내가 실내악을 선호하는 것도 그런 이유고. 실내악에선 지휘자 없이 연주자 간의 합의와 암묵적 동의만으로 연주가 이루어지니까. 실내악 연주자들은 각자 최고의 독주자가 돼야 함과 동시에 독주자가 돼서는 안 되는 미묘한 균형 속에서 연주하거든. 이 균형점은 연주자들의 눈길 사이 어딘가에 있고. 문제는 합주하는 연주자가 스무 명만 되도 지휘자가 필요하단 거야. 물론 나도 언젠가 오케스트라 안의 첼로 연주자 중 하나가 될 수 있겠지만."

"거참 난감하네."

원이가 머리를 긁적이며 곤란해하거나 말거나 예니는 자기가 하고 싶은 말을 이어 갔다.

"그래서 오케스트라 연주자가 바라보는 지휘자의 위치는 참 미묘해. 오케스트라 연주자도 자신의 연주를 통해 청중들에게 감동을 전하고 싶어. 그러려면 뿔뿔이 흩어진 연주를 하나로 이끌어 줄 훌륭한 지휘자가 필요하지만, 지휘자는 완성된 음악을 독점하지. 그뿐인가 뭐? 완성된 음악의 기획이나 구상도 지휘자의 역량으로 바라보고, 그 결과로 얻게 될 찬사와 보상도 가져. 연주자 입장에선 상대적 박탈감을 느끼고, 기분 나쁜 것도 사실이야. 그렇다고 지휘자에게 반항하면 연주를 망치고, 그로써 일어날 예술적 파탄의 대가는 연주자들이 치러야 하지. 결국 이 모순을 어떻게 해결하느냐가 연주의 수준을 정하는 것 아닐까?"

덤덤하게 오케스트라의 현실적인 이야기를 하는 예니를 보며 원이는 한숨이 나왔다.

"그런데 이 문제는 비단 예술만의 문제가 아니라 정치적인 문제인 것 같다. 이를테면 어떤 지휘자가 연주자들을 자의식과 그 나름의 견해를 가진 예술가로 바라보는 게 아니라 자신이 만들어 가는 전체 소리의 일부로만 취급하면, 연주자들은 지휘자의 지시에 맹목적으로 따르는 일종의 음악 노동자 아니면 오케스트라라는 관료제 조직의 한 직원이 돼 버리니까. 이게 답답한 연주자는 반항할 것이고, 순응한 연주자들은 오류는 없지만 생기 없는 음악을 만들어 내겠지."

"맞아. 한동안 우리나라 오케스트라의 문제가 바로 그런 거였어. 연주자들의 실력은 하나하나 다 뛰어나거든? 전체적으로 만들어진 소리도 흠잡을 데 없고. 근데 이렇다 할 감동은커녕 지루하기까지 해. 아빠는 '공무원 연주'라고도 했다니까."

"그럼 세계적인 오케스트라는 이 문제를 어떻게 해결한 거지?"

"음……."

원이의 질문에 예니가 고개를 갸웃거렸다. 그러다 예전에 누군가에게 들었던(혹은 읽었던) 기억 속의 정보를 끄집어냈다.

"크게는 둘로 나눠서 생각해 볼 수 있는데…… 단원들이 지휘자

179

를 정하는 오케스트라가 있어. 오빠도 들어는 봤을 거야. 베를린 필하모닉 오케스트라고."

"응, 사이먼 래틀!"

"그래, 거기. 거기는 연주자 개개인이 자신의 예술관을 공유하고, 그들이 합의한 예술관에 가장 적합한 지휘자를 초청해. 그래서 자신들이 선임한 지휘자에게 강력한 권위를 부여하고, 지휘자는 연주자들의 신임에 힘입어 오케스트라를 이끌어 가지."

"되게 합리적인 방법이다."

"생각해 보니 그렇네. 하하."

예니가 웃으며 대답했다. 그러고는 곧 진지한 표정으로 돌아와 설명을 마저 이었다.

"지휘자의 독재를 막기 위해 상임 지휘자를 두지 않는 오케스트라도 있어. 신년 음악회로 유명한 빈 필하모닉 오케스트라가 그렇지. 여러 지휘자가 돌아가며 지휘하는 일종의 다원주의 정부라고나 할까? 이렇게 되면 지휘자보다 오케스트라 연주자들의 영향력이 더 커지지만 그보다 중요한 건 오케스트라의 개별 연주자들에 대해 지휘자가 잘 알고, 연주자들도 자기 파트만 연주하는 게 아니라 음악 전체를 바라보며 연주하지. 말하자면 오케스트라 단원들도 지휘자의 역할을 경험해야 하는 거야. 그래서 오케스트라 단원들 중 뜻이 맞는 사람들끼리 소규모 악단을 만들어 연주하는 기회를 많이 가지는 게 좋아."

"교사가 될 사람 입장에서 뭔가 느낀 바가 많다."

원이가 흐뭇한 미소를 지으며 약간 먼 곳을 바라봤다.

"네가 설명해 준 오케스트라와 지휘자의 상관관계를 사회에도 적용하면 좋을 것 같아. 많은 인구와 넓은 영토를 가진 근대 국가에서 고대 그리스 폴리스와 같은 민주정치의 정신을 어떻게 구현할 것인가? 규모가 큰 나라에서는 지휘자와 같은 정치 지도자가 필요한데, 어떻게 그 지도자가 독재자가 되는 것을 방지하고, 국민 한 사람 한 사람이 국가에 대한 책임감을 유지하며 참여하게 할 것인가?"

"지휘자를 투표로 선임하고 권력을 독점하지 못하게 한다, 오케스트라 연주자들이 소규모 악단을 만들어 활동하는 것처럼 각종 시민 단체나 엔지오NGO◆를 구성한다!"

"그러게, 그거 말 된다. 하하."

◆ Non-Governmental Organization, 정부 간의 협정이 아닌, 민간단체가 중심이 되어 만들어진비정부 국제 조직.

{ 예니야, 산업 혁명과 음악은
떼려야 뗄 수 없는 관계란다! }

음악회를 떠올리면 보통은 거대한 오케스트라가 교향곡을 연주하는 장면이
생각나겠지. 클래식에서 사용하는 악기를 물어 보면 열 명 중 대여섯 명은 피
아노라고 대답할 거고. 백발이 성성한 피아니스트가 수많은 청중 앞에서 열정
적으로 건반을 두드리는 장면 역시 음악회의 전형적인 이미지야. 그런데 교향
곡과 피아노 음악의 역사는 의외로 짧단다. 18~19세기 산업 혁명이 지난 다음
에야 음악회의 꽃이 됐으니까.

산업 혁명 이전에는 악기의 수가 문제였어. 수공업으로 만드는 악기를 구하기
란 쉽지 않았고, 플루트나 바순, 오보에 같은 나무를 파서 만들어야 하는 목관
악기는 시간이 더 오래 걸렸지. 트럼펫이나 호른 같은 금관 악기는 금속을 다루
는 기술이 떨어져서 단순한 음색과 제한된 음정밖에 낼 수 없었고. 그래서 하
이든이나 모차르트 시대만 해도 교향곡은 기껏해야 20~30명의 연주자들이
나섰을 뿐이야. 지금 생각하는 교향곡의 규모가 아니었단다.

근데 당시에는 큰 규모의 악단이 필요하지도 않았어. 교향악단을 구성한들 연
주할 공연장을 세울 여력이 없었거든. 대도시가 드물어서 그 공연장을 채울 관
객도 없었지. 산업 혁명이 일어나고 악기의 대량 생산이 가능해지고, 대도시가
늘어나면서야 비로소 대규모 오케스트라의 연주가 가능해진 거야.

피아노도 마찬가지야. 산업 혁명 이전에는 피아노를 만들기 무척 어려웠어. 피아노 뚜껑을 열어 보면 알겠지만, 피아노는 악기라기보다 수많은 부품이 정밀하게 맞춰진 커다란 기계에 가까워. 산업 혁명은 이런 정교한 기계 장치인 피아노를 웬만한 중산층 가정은 모두 갖추어 놓을 수 있을 정도로 대량 생산하여 싸게 보급했단다. 집집마다 피아노가 있으니 당연히 연주할 작품이 필요했고, 그 수요는 엄청났지. 이렇게 클래식, 하면 가장 대표적으로 떠오르는 교향곡과 피아노곡은 모두 산업 혁명과 밀접한 관계를 가지고 있단다!

"자, 이제 시간도 꽤 지났고 그동안 음악회나 오페라도 다녀봤으니 자네도 클래식과 꽤 친해졌겠지? 예니랑 계속 만나려면 아주 많이 친해져야 할 텐데? 물론 나하고도 그렇고."

아빠가 웃는 건지, 화가 난 건지 설명할 수 없는 묘한 표정을 지으며 말했다. 그런 아빠의 표정에 불길함을 느낀 예니가 끼어들려 했지만 원이가 예니의 팔을 잡아 막았다. 그리고 민방위 훈련 안내 방송처럼 건조하게 대꾸했다.

"어떤 음악들은 아주 친해졌습니다. 그렇다고 클래식과 친해졌다고는 말하기는 어렵습니다. 친해지려고 노력해도 친해질 수 없는 이상한 음악들이 있었으니까요. 클래식으로 분류되는데 도저히 친해질 수 없는 것들이 있으니, 클래식과 친해졌다고 말하긴 어렵겠습니다."

"오, 그래? 대체 어떤 음악들이 그렇게 이상했는데?"

아빠가 흥미롭다는 표정으로 원이에게 되물었다.

"이를테면 쇼스타코비치나 버르토크* 같은 분들은 워낙 유명해서 이름은 알고 있었는데 실제로 음악을 들어 보니……. 이런 말이 어떨지 모르겠지만, 귀가 따가웠어요."

"하하하, 귀가 따가웠다고? 그리고 또?"

아빠가 큰 소리를 내며 웃었다. 그 모습에 예니는 멀뚱한 표정을 지었고, 원이는 머뭇거리면서도 자기가 하고 싶은 말을 쏟아냈다.

"최근에 예니랑 알반 베르크의 오페라 「보체크」를 봤는데…… 그 여운이 어찌나 길었는지 몰라요. 조금 과장하면 가수들이 노래를 부르는 게 비명을 지르는 것 같았습니다."

"아, 자네는 현대 음악을 그렇게 받아들였군."

"현대 음악이라면 컨템퍼러리Contemporary를 말씀하시는 거예요? 아니면 20세기 이후의 음악인가요?"

웃음기를 거둔 아빠가 툭 건넨 말에 원이가 다시 물었다.

"일단 컨템퍼러리는 빼고 말하지. 이건 굳이 번역하면 현대 음악이 아니라 '당대 음악'이라고 해야 할 테니까. 이 기준으로 보면 쇼스타코비치나 버르토크도 현대 음악은 아니지. 100여 년 전에 태어난 분들이거든. 그렇다고 20세기를 기준으로 삼는다? 그럼 그것도 그것대로 문제가 되네. 라흐마니노프, 푸치니 같은 분들도 20세기 이후

◆ 헝가리의 작곡가이자 피아니스트. 동유럽 민속 음악을 바탕으로 불협화음이나 타악기를 중시한 새로운 기법을 확립했다.

에 활동했지만 현대 음악으로 분류하진 않거든. 결국 어떤 시간을 기준으로 현대 음악을 정하긴 어려워. 그러니 시간이 아니라 음악의 속성이 중요한데, 서양 음악의 전통인 장음계와 단음계, 협화음에 기반한 화성을 파격적으로 뒤흔들어 버린 걸 현대 음악이라고 하네. 자네 말처럼 음악 같지도 않게 들리는 것들을 현대 음악이라고 하는 거야. 협화음을 파괴한 아놀드 쇤베르크◆ 이후 오늘날에 이르기까지 클래식을 한다는 작곡가들 중에는 일반인들에게 익숙한 음악을 작곡하는 경우가 거의 없어. 자네가 말한 이상한 음악, 날이 갈수록 더 이상해지는 음악들을 쓰지."

아빠의 설명에도 원이는 도무지 이해가 되지 않는다는 표정을 짓자 원이를 대신하여 예니가 손을 번쩍 들었다.

"저도 질문이요! 왜 그런 음악을 만든 것일까요? 도대체 누구 들으라고?"

"글쎄, 내가 그분들 머릿속엔 들어가 보지 않았으니 정확히는 모르겠다만, 두 가지 이유를 짐작해 볼 수는 있지. 하나는 음악의 소재가 고갈되었다는 것. 다른 하나는 음악이 현실을 왜곡하거나 그릇된 이미지를 만드는 데 도움을 주고 있다는 것."

여전히 혼란스러운 눈빛으로 있던 원이가 아빠를 바라보며 다시 물었다.

◆ 오스트리아 출신의 미국 작곡가. 무조(撫調) 음악, 십이음 기법 등을 도입했다.

"음악의 소재가 고갈되었다니요?"

"바흐와 헨델, 하이든과 모차르트, 그리고 베토벤을 거치면서 기존의 장음계, 단음계, 협화음 중심의 화성법과 대위법을 사용하는 음악이 나올 만큼 다 나왔다는 거야. 그런 방식으로 작곡해서 저 거장들만큼 훌륭한 음악을 만들어 내기도 어렵고. 설사 만들었다 하더라도 근사한 모조품으로 전락할 수도 있고."

"무슨 뜻인지 알겠습니다. 하지만 '아름다움'과 '다름'은 좀 다른 차원의 개념이 아닐까요? 거장의 작품과 달라야 해서 아름다움을 포기한다면 예술적으로 그게 무슨 의미가 있을까요?"

"예술이 꼭 아름다움을 추구해야 할까? 예술은 현실을 미화하는 것일까, 아니면 환기시켜 주는 것일까?"

"음. 선생님 말씀을 들으니 보들레르*나 쿠르베**가 생각납니다."

"그런가? 보들레르는 살짝 결이 다르지만. 루카치***는 예술은 아름다움을 추구하는 것이 아니라 앎을 추구하는 것이며, 그 앎이 이성적이고 분석적인 앎이 아니라 질성적 혹은 직관적 앎이라는 데서 과학과 구별될 뿐이라고 말했지. 존 듀이****역시 예술을 일종의 질성적 학습의 과정으로 봤고. 그렇다면 음악이 아름다운 소리를

◆ 프랑스 시인. 프랑스 상징시의 선구자이다.
◆◆ 프랑스 화가. 낭만주의적 공상 표현을 지양하고 사실주의를 견지했다.
◆◆◆ 헝가리의 철학자이자 미학자. 마르크스주의의 관점에서 문학사, 사상사, 미학을 연구했다.
◆◆◆◆ 미국의 철학자이자 교육 사상가.

만들어 내는 것에만 머물러야 할까?"

"그렇다고 굳이 아름답지 않아야 할 이유가 있을까요?"

원이가 반문했다.

"아름다움이 때로는 현실을 왜곡하니까. 현대 산업 사회가 되면서 더 심해졌고. 생각해 보게. 자연 대신 기계의 리듬이 세상을 지배하고, 기계의 리듬에 인간이 맞춰 살아야 하는 세상이 됐네. 익숙했던 공동체가 해체되고, 오랫동안 이어져 온 생활양식은 자취를 감췄어. 이 낯설고 폭력적인 힘의 논리 앞에서 기계적으로 반복되는 삶은 무력함과 소외감을 가져다주지. 그런 와중에 합리적이고 과학적인 방법과 법칙을 이용하여 대량으로 생산된 예술 작품이 세상에 뿌려진다고 생각해 보게나. 세상의 고달픔을 은폐하는 예쁜 장식품으로만 존재한다면, 그게 예술 작품으로서 어떤 의미를 갖게 될까? 차라리 이상하고 괴로운 세상을 대변하는 것들이 필요하지 않을까?"

아빠의 말 속에는 한숨이 깃들어 있었다.

"기승전결이나 개연성 따위 없는 연극 「보이체크」나 「고도를 기다리며」, 「코뿔소」, 파블로 피카소나 앙리 마티스의 그림, 밑도 끝도 없는 정체불명의 억압으로 가득한 프란츠 카프카의 소설이 생각납니다."

"그렇지? 그런 작품들은 결코 아름답지 않아. 괴상하고 불편함을 표현하는 것이 오히려 '진정성' 있는 예술일 수 있는 거야. 그렇다면 음악은 어떨까? 음악은 다른 어떤 예술보다도 합리적이고 조화로운 세계를 만들어 왔네. 그렇다면 음악이 기괴한 세계를 조화로운 세상인 것처럼 착각하게 만드는 달콤한 마취제인 건 아닐까?"

아빠의 말이 끝나기가 무섭게 예니의 볼멘소리가 터져 나왔다.

"그럼 내가 조화롭고 아름다운 18세기 음악을 연습하고 무대에 올리는 게 잘못된 일이에요? 혼돈으로 가득 찬 세상을 감추고 있는 거냐고요!"

"아아, 그건 아니지."

예니의 반론에 아빠가 진땀을 흘리며 손사례를 쳤다.

"그건 그 나름대로 의미가 있어. 제대로 된 조화와 질서를 경험한 사람일수록 모순과 부조화를 예민하게 감지할 수 있으니까. 그런 점에서 고전은 매우 중요하고, 고전을 해석하고 연주하는 일은 굉장한 일이야. 문제는 작곡이지. 만약 오늘날을 살아가는 오늘날의 작곡가가 고전의 세계를 벗어나지 않고 그런 음악을 계속 만들어 낸다면 그건 퇴행이 아닐까? 만일 이 모순, 기괴함, 인간 소외로 가득한 세상에서 여전히 기존의 음악을 고수한다면 음악가로서 자질을 의심해야 할 거야. 그래서 이상하게 들리는 현대 음악이 더 진실한 음악일 수 있는 거고. 영화 「매트릭스」에서……."

"아빠, 이야기 중에 미안한데요."

예니가 아빠의 말을 중간에서 끊고 툭 끼어들었다.

"꼭 그렇지만은 않아요. 듣는 입장에서는 불협화음이나 십이음 기법을 사용한 무조 음악 혹은 최근 작곡가들의 작품은 아주 괴상하게 들리겠지만, 악곡을 연구하고 나서 연주하는 연주자 입장에서는 무질서하거나 이상하게 들리지 않으니까요. 기존의 협화음이나 장음계, 단음계, 18~19세기 화성법을 의식적으로 사용하지 않았을 뿐이지, 이상하게 들리려고 한 건 아니에요. 작곡가가 자기 나름의 질서와 법칙을 세우고 거기 입각해서 곡을 쓴 거고요. 수백 년 동안 전해 내려온 음악 어법 대신 자기만의 어법을 만들어서요. 한국어 문법을 거부하고 완전히 새로운 문법을 만들어 시도 쓰고 소설도 쓴 셈이죠. 보통의 한국인에게는 알아들을 수 없는 괴성이지만, 그 안에 조화와 질서가 있는 거예요."

예니의 반론을 잠자코 듣고 있던 아빠가 빙그레 웃었다.

"그레 네 말이 맞다. 무조 음악은 조성이 없는 게 아니라 기존의 장조, 단조를 넘어서는 새로운 조성을 창조한 거니까. 다만 내가 하고 싶은 말은 왜 그동안 익숙하게 들어왔고, 딱히 누구도 불만을 느끼지 않았던 음악들의 법칙을 파괴하고 완전히 새로운 법칙을 만들어서 낯선 음악을 만들고자 했냐는 거야. 그게 사람들이 익숙하게 받아들였던 것을 버리고 완전히 낯선 세계로 나아가려는 감각을 계속 상기시키기 위해서는 아닌가 한 거고. 우리 귀에는 익숙해서 몰랐지만, 하이든이나 모차르트의 음악도 그 당시에는 너무 혼란스럽고 괴상한 음악 취급을 당했으니까. 그러니 지금 현재를 살아가는 예술가라면 하이든과 모차르트에게 익숙해진 우리의 귀에 혼란스럽고 괴상한 음악을 들려주는 게 맞지 않을까?"

"그러게요. 역시 현대 음악은 어려워요."

그제야 예니도 경직된 표정을 풀고 고개를 끄덕였다. 그때였다. 부녀의 설전을 듣고 있던 원이가 눈을 크게 뜨며 한마디 거들었다.

"그래도 꾹 참고 공부해 가면서 들으면 결국 어떤 질서를 찾고 문법을 찾을 수 있다는 말씀이죠? 낯설고 이상한 것에 대한 두려움과 편견을 버리고 말이죠."

"그래, 맞아. 바로 그 말을 하고 싶었던 거야."

"결국 우리가 사회 시간에 학생들에게 가르치고 싶었던 가치들이네요. 사회적 모순에 대한 감각, 낯설고 이상한 것에 대한 관용과 탐구 정신."

"그렇지. 이걸 오늘의 결론으로 삼으면 되겠다."

은퇴를 앞둔 교사와 교사가 되고자 하는 젊은이가 마주 보며 껄껄 웃는 모습을 젊은 음악가는 고개를 설레설레 흔들며 바라보았다.

음악회에 가기 전,
꼭 알아야 할 매너

18세기까지 음악회는 사교계 행사였다. 티켓은 판매되는 것이 아니라 주최 측(주로 왕실이나 제후, 혹은 부유한 귀족)이 초대하는 방식으로 전달됐다. 연주하는 음악가 역시 정해진 개런티를 받는 것이 아니라 주최 측의 호의나 참석한 청중의 성의(팁 즉, 봉사료)에 기대야 했다. 왕실이나 지체 높은 제후, 부유한 귀족들은 아예 유명한 음악가를 고용하기도 했는데, 수준 높은 음악회를 개최하면 유명 인사들을 초청하기 쉬웠기 때문이다.

근대화가 빠르게 진행된 영국에서는 귀족들이 향유하던 음악회에 참석하려는 중산층(부르주아)이 크게 늘어났다. 문제는 이들이 돈은 많았지만, 귀족처럼 유명 음악가를 고용하기 어려웠다는 것이다. 그리하여 십시일반으로 돈을 모아 한두 차례 한시적으로 음악가를 고용하여 음악회를 즐기기 시작했다. 귀족들이 주는 봉급만으로 부족함을 느꼈던 유명 음악가들도 부수입을 벌기 위해 음악회에 적극적으로 참여했다. 이로써 1670년대에 런던에서 불특정 다수가 돈을 걷어 한시적으로 음악가를 고용하여 연주한 공공 음악회가 처음 개최됐다. 즉 티켓을 팔아 음악가의 개런티를 지급하는 오늘날과 같은 방식이 도입된 것이다. 영국보다 근대화 시기가 100년 이상 늦은 유럽의 다른 나라에서는 이러한 공공 음악회가 19세기에 들어서야 등장했다.

그 역사부터 까다로워 보이는 클래식 음악회, 그러나 음악회의 매너는 생각보다 간단하다. 다음의 원칙만 기억한다면 말이다.

1. 공연장에 늦게 도착했다. 입장해도 될까?

NO! 뒤늦게 입장하는 사람들이 내는 발소리 등이 연주를 방해한다. 1부 연주가 끝난 뒤 휴식 시간에 입장한다. 돈을 낸 게 아깝다고? 다른 청중들도 마찬가지다. 당신의 발소리로 공연 관람을 망치고 싶지 않다.

2. 연주가 무척 훌륭했다. 박수를 쳐도 될까?

NO! 클래식 연주자는 고도의 집중과 긴장 상태에서 연주한다. 한 곡이 완전히 마무리되기 전에 들리는 소리는 박수라 할지라도 소음에 불과하다. 박수는 한 곡의 연주가 완전히 끝나고 연주자가 집중과 긴장을 풀어 낼 때 치자. 손바닥에 불이 나도록 아주 열심히!

3. 옆 사람에게 귓속말을 해도 될까?

NO! 클래식은 인공적인 확성 장치 없이 연주되고, 공연장은 아주 작은 소리에도 민감하게 설계되어 있다. 그리고 속삭이는 소리도 선명하게 들릴 수 있다.

4. 잠깐 휴대전화로 정보를 검색해도 될까?

NO! 휴대전화를 만질 때 부스럭거리는 소리, 휴대전화가 내는 빛이 연주를 방해할 수 있다. 휴대전화는 공연이 시작하기 전에 전원을 꺼 놓는다. 진동도, 무음도 안 된다. 휴대전화에게도 휴식을 주자.

5. 기침은 생리 현상이니 어쩔 수 없는 것, 그냥 해도 될까?

NO! 나오는 기침을 안 할 수는 없지만, 최대한 참아 보자. 연주 도중 객석에서 불규칙하게 터져 나오는 기침이 연주자의 집중력을 흐트러뜨릴 수 있다. 특히 악장과 악장 사이에 밀린 기침을 크게 터뜨리는 일 따위는 하지 말자.

교향곡과 함께 읽는
클래식의 역사

볼프강 아마데우스 모차르트 교향곡 40번 G단조 K.

모차르트가 활동하던 시대에는 오케스트라에 목관 악기가 널리 사용됐다. 모차르트는 이를 활용하여 색채감 넘치는 오케스트라 음향을 만들어 냈다. 이 작품은 교향곡이 축제 분위기가 아닌 복잡 미묘하고 애수에 찬 정서를 표현하는 감성적인 음악이 될 수 있음을 보여 주었다.

루트비히 반 베토벤 교향곡 9번 「합창」

베토벤은 교향곡에 주력한 최초의 작곡가다. 모차르트는 피아노 협주곡과 오페라에 주력했고, 하이든도 현악사중주와 오라토리오(16세기 무렵 로마에서 시작한 종교 음악)를 선호했다. 이 작품은 위대한 두 선배의 주특기인 오페라와 오라토리오를 자신의 주특기인 교향곡으로 변형하여 발전시킨 것인데, 이로써 음악회의 판도를 교향곡 중심으로 바꿔 놓았다.

엑토르 베를리오즈
교향곡「환상」

베를리오즈는 인간의 목소리를 배제한 상태에서 오케스트라를 통해 문학적인 내용을 표현하려고 했다. 이러한 베를리오즈의 시도는 리스트와 바그너에게 계승됐다. 또한 오케스트라를 여러 악기의 합주가 아니라 그 자체가 하나의 악기인 것처럼 사용한 근대 관현악법의 중요한 출발점이 됐다.

요하네스 브람스
교향곡 4번

교향곡은 독일의 음악으로 베토벤에서 슈베르트, 멘델스존, 슈만으로 이어지다가 요하네스 브람스에서 정점을 찍었다. 특히 이 작품은 앞선 다섯 작곡가의 장점을 모두 한군데 모아 놓은 걸작인데, 힘과 노래와 빈틈없는 구조, 때때로 나타나는 재치가 이 작품을 더욱 돋보이게 한다.

표트르 일리치
차이콥스키
교향곡 6번「비창」

제정 러시아의 작곡가인 차이콥스키의 대표작이다. 대부분의 교향곡들이 뒤로 갈수록 점점 고양되는 데 반해 이 작품은 뒤로 갈수록 점점 깊은 슬픔과 어둠 속으로 가라앉는다. 특히 마지막 4악장은 화려한 합주로 마무리되는 여타 교향곡과 달리 들릴 듯 말 듯한 아주 약한 소리로 연기처럼 사그라진다.

**드미트리 쇼스타코비치
교향곡 5번**

쇼스타코비치는 '현대 음악'이 등장한 이래 가장 중요한 교향곡 작곡가다. 쇤베르크나 베베른에 비하면 다소 보수적이라는 평을 듣는다.(달리 말하면 덜 괴상하다는 뜻이다.) 이는 스탈린이 전위적인 기법을 '부르주아 형식주의'라고 비판했기 때문이다. 그래서인지 쇼스타코비치는 쇤베르크 이후 발전된 혁신적인 기법들과 소련 공산당 간부들에게 익숙한 19세기 스타일 음악 사이에서 미묘한 줄타기를 했고, 그 긴장감이 팽팽하고 날카로운 그의 작품 세계를 만들어 냈다.

오페라의 꽃,
주역 가수의 세계

오페라에서는 노래를 잘하는 가수가 주역을 맡지 않는다. 물론 노래도 잘해야겠지만, 배역과 음역 및 음색이 맞아떨어져야 역할을 맡을 수 있다. 노래 실력은 연습으로 해결되지만, 음역과 음색은 타고나는 것이라 대부분의 오페라 가수들은 모든 배역을 소화하지 못하고, 자신에게 특화된 몇몇 배역에 집중한다. 그러니 오페라의 남녀 주역을 맡은 소프라노와 테너를 알면 오페라를 훨씬 재밌게 즐길 수 있다!

♪ 소프라노

여성의 가장 높은 음역대인 소프라노는 여자 주인공을 담당한다. 오페라가 대중적인 인기를 끌기 시작한 것도 인기가 많은 소프라노들의 스타 마케팅 덕분이었고, 그건 지금도 마찬가지다. 그러다 보니 소프라노는 배역도 많고, 배역에 따라 음역대가 세밀하게 나뉜다. 대부분의 소프라노들은 각 영역 중 하나에 집중하지만, 때로는 모든 영역을 넘나들 수 있는 소프라노가 나오는데, 이들을 '프리마 돈나'라고 한다.

드라마틱 소프라노

강렬하고 비극적인 정서를 표현하는 데 능한 소프라노이다. 무대를 압도할 수 있는 강하고 풍부한 성량이 요구된다. 그 대신 소프라노 중에서는 대체로 낮은 음역에서 노래하는데, 대표 배역으로는 베르디의 「돈 카를로스」 중 '이사벨라', 푸치니의 「토스카」 중 '토스카', 비제의 「카르멘」 중 '카르멘' 등이 있다.

리릭 소프라노

서정적이고 감미로운 목소리로 노래하는 소프라노다. 오페라에서 사랑에 빠진 젊은 여성의 역할로 등장하는 경우가 많아 대중적으로 가장 많이 사랑받는다. 대표 배역으로는 모차르트의 「피가로의 결혼」 중 '백작 부인', 베르디의 「아이다」 중 '아이다', 푸치니의 「라 보엠」 중 '미미' 등이 있다.

콜로라투라 소프라노

아주 복잡하고 기교적인 창법을 구사하는 소프라노이다. 콜로라투라 창법('색채가 있다.'는 뜻. 기교적으로 장식된 선율을 이른다.)이 구사된 악곡은 악보가 엄청나게 복잡한데, 콜로라투라 소프라노는 경쾌한 움직임과 화려한 음색으로 최고 음역을 정확하게 불러 낸다. 대표 배역으로는 모차르트의 「마술피리」 중 '밤의 여왕' 등이 있다.

소프라노 수브레트

귀여운 목소리의 소프라노로 주로 영리한 시녀나 소녀를 갓 벗어난 발랄한 캐릭터나 개성 있는 조연으로 등장한다. 특히 모차르트가 이 유형을 좋아했고, 대표 배역으로는 모차르트의 「피가로의 결혼」 중 '수잔나' 등이 있다.

♪ 테너

남성의 가장 높은 음역인 테너는 주로 낭만적인 젊은 남성이나 영웅적인 남성의 역할을 담당한다.

드라마틱 테너

힘차고 극적인 목소리를 가진 테너로 비극이나 영웅 이야기처럼 격렬한 내용의 오페라에서 빛을 발한다. 19세기 이전에는 주로 왕으로 등장했지만(대개 주인공이 왕자이기 때문에 주연은 아니었다.) 19세기 이후에는 비운의 영웅이나 장군, 비극적 종말을 맞이하는 연인으로 등장했다. 대표 배역으로는 베르디의 「오델로」 중 '오델로', 푸치니의 「투란도트」 중 '칼라프' 등이 있다.

리릭 테너

부드러우면서 다양한 감정 표현을 할 수 있는 테너. 대체로 드라마틱 테너보다 더 높은 음역에서 노래하고, 낭만적인 연인 역할을 담당한다. 대표 배역으로는 베르디의 「라 트라비아타」의 '알프레도', 모차르트의 「마술피리」 중 '타미노' 등이 있다.

스핀토 테너

'밀어붙이는 테너'란 뜻으로, 스핀토 테너라 부를 수 있는 테너는 흔치 않다. 주로 리릭 테너의 감정을 소화하면서도 오케스트라를 뚫고 공연장을 뒤흔들 정도로 강렬하게 노래할 수 있는 테너를 일컫는다. 흔히 '리릭-드라마틱 테너'라고도 한다.

테너 레쩨로

감미롭고 부드러운 목소리를 지닌 테너로 정가극에서 큰 활약을 했다. 리릭 테너보다 더 가냘프고 가벼운 목소리를 내어 캐릭터의 폭이 넓지 않다. 대표 배역으로는 로시니의 「세비야의 이발사」 중 '알마비바 백작' 등이 있다.

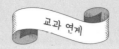
교과 연계

중학교 1학년 사회	4. 다양한 세계, 다양한 문화 8. 문화의 이해
중학교 2학년 역사	4. 산업 사회와 국민 국가의 형성
중학교 음악	3. 재미있는 음악 만들기 4. 듣고 느끼고 표현하는 음악 감상

찾아보기

클래식과 함께하는 사회 탐구

초판 1쇄 2018년 9월 28일
초판 2쇄 2020년 6월 5일

지은이 권재원

펴낸이 김한청
기획·편집 원경은, 이한경, 박윤아, 이건진, 차언조
마케팅 최원준, 최지애, 설채린
디자인 이성아

펴낸곳 도서출판 다른
출판등록 2004년 9월 2일 제2013-000194호
주소 서울시 마포구 동교로27길 3-12 N빌딩 2층
전화 02-3143-6478 팩스 02-3143-6479 이메일 khc15968@hanmail.net
블로그 blog.naver.com/darun_pub 페이스북 /darunpublishers

ISBN 979-11-5633-209-1 43300